Matthijs van Boxsel

DE ENCYCLOPEDIE VAN DE DOMHEID

痴愚 百科全书

〔荷兰〕马蒂斯·范博克塞尔 著　王圆圆 译

上海文艺出版社
Shanghai Literature & Art Publishing House

目 录

第一章　红线　　　　　　　　　　　　　　　　　　*001*

第二章　蠢人俱乐部　　　　　　　　　　　　　　　*018*

第三章　废佬——空中特技员　　　　　　　　　　　*049*

第四章　哈—哈　　　　　　　　　　　　　　　　　*056*

第五章　地狱里的蠢人们　　　　　　　　　　　　　*074*

第六章　笨蛋的家谱　　　　　　　　　　　　　　　*094*

第七章　君主立宪制必要的愚蠢（现代王子宝鉴）　　*106*

第八章　达尔文奖　　　　　　　　　　　　　　　　*174*

附录　　痴愚学院　　　　　　　　　　　　　　　　*237*

第一章　红线

"如果你们仔细听,"他补充道,"而且,如果你们能听懂我所说的,你们将能得到智慧和幸福。否则,你们将陷入疯狂与不幸,变得尖酸与无知,而且,你们将过着悲惨的生活。"这段说明宛如斯芬克斯向人提出的谜语。如果有人能理解斯芬克斯的谜语,那他就可以得救。而不理解的人,斯芬克斯会亲自杀死他。之前的那段说明也是同样的道理,因为**荒唐**之于人类就如同斯芬克斯。这块碑说明了人生中的善与恶,以及非善非恶。所以,如果,有人不理解的话,**荒唐**会亲自杀死他,但并非像斯芬克斯那样一口吞掉,一下子杀死;它会慢慢地折磨他,令其仿佛被处以酷刑之人,精疲力竭,终其一生。但是,如果他理解的话,就轮到**荒唐**灭亡了。而这个人则会得救,一生幸福。因此,请注意并尽力去理解。

——塞贝斯（公元二世纪）

茶馆

致伊本·白图泰

霍加·纳斯尔丁·阿凡提受一群学者的邀请前往茶馆。桌边围坐着一位地理学家、一位编年史作者和一位热衷于为大百科全书制订提纲的天文学家。

"应当囊括一切。"

"一切？"阿凡提问道。

"一切。"众人回答道。

阿凡提思索片刻，说道："那么，'百科全书'一栏也应当被列入，而且在这一栏下面应当可以读到整部百科全书，包括'百科全书'栏等等。"学者们面面相觑。

"那么，如果你在一本书中搜索自己的名字的话，就应当能够从中读到关于自己的一切，而且最后一句话应当是'在百科全书中搜索自己的名字'。"在座的人群中，不安的气氛越来越明显。

"想象一下，地理学家在自己所著的百科全书中搜索自己的名字；可是，他已经知道里面提到了自己；所以，他本来就没有必要去搜索，也没有必要标出自己的名字。"地理学家如坐针毡。

"如果我在其中搜索自己的生平，并从我来到人世的第一秒开始读起，当读到文章的一半时我死了。"编年史作家终于逮到一个可以教训一下阿凡提的机会：

"那样的话,你没有读到一半。"

"那这是我的错,还是百科全书的错?"阿凡提问道。听到这个问题,历史学家羞愧难当,喝了口茶,结果烫到了嘴。

(图1)《痴愚的徽章》,阿佩利斯。摘自圣亚森特,《一个陌生人的杰作》,海牙,1714,皇家图书馆馆藏本。

发现

一名新兵在考试过程中捡起所有的纸片,说道:"不对。不对。"精神分析师认为他疯了,递给他一张纸条,上面写着他已经退伍了。新兵看着纸条,说道:"对啦!"

我在寻找一个让我可以全神贯注投入其中的主题,一件可以最大限度地发挥自己能力的事。而就在这个过程当中,我领会了这一路走来所遇到的一切事物,仿佛一个坠入爱河之人,却不知自己为谁痴迷。

我有许多有趣的收藏,如鹌鹑、凯旋门和阿蒂利奥(一个演员,他的唯一任务就是在舞台上走来走去)。在徒劳无功地想要赋予自己人生一点意义的尝试中,我甚至连续几年收集所有用到"红线"这一比喻的剪报,并搜集出数以千计的例句。例如:以可可豆为**红线**,他开始写一个关于加纳南北关系的故事。

雨,是温布尔登的一部分,如同草莓之于奶油,三明治之于三文鱼,近几十年来杜松子奎宁、黑市、草皮和警报之于炸弹一般。仿佛一条**红线**,坏天气贯穿着世界上最重要的网球比赛史。

我们把一周半的时间浪费在争吵上,这影响了我们的效率,现在我们正在迎头赶上。不管怎样,每次还是会奏效,因为我们工作中的**红线**就如同绘画:只要开始画,就总能画出点什么东西来。我们真真切切地在为达到一个顶峰努力工作;最终就能成就一幅宏伟的视觉图像。

在由日常事件组成的拼图中，作者将过去的一年中所发生的最重要的新闻作为**红线**：柏林墙的倒塌、罗马尼亚革命、纳尔逊·曼德拉的获释。

胜利是这次会议的**红线**。胜利，什么都不需做，只需心中念想，并接受后援团队其他道教徒的"无条件支持"即可获得。秘诀在于：什么都不做。"如果你觉得体内有了想做点什么的欲望，那就去坐下，平静地呼吸，等它过去。"

宗教服装的历史仿佛一条**红线**贯穿基督教。

在此期间，我发现了奥地利作家罗伯特·穆齐尔的作品。在读过《没有个性的人》之后，我便满腔热情地扑向了他的全集。1980年，我阅读了他的晚期作品《论愚蠢》。这是一篇他于1937年——也就是在德奥合并的前一年——在维也纳所发表的演说。其中心思想——即除智慧、真理和美以外，痴愚也可以是严肃的研究对象——令人称奇。我被这个观点所深深吸引，尤其是因为，痴愚被描述为一种感知能力的残缺，而非一种智慧的残缺。穆齐尔甚至还提到了一种聪明的痴愚。

在此之前，我一直就一些庄严的主题进行研究，比如忧郁，比如堕落的纨绔之风，又比如"神秘和令人恐惧的东西"。突然之间，我发现，扑面而来的是放纵与松垮，是拙劣的文艺作品和迷信等等平素避之唯恐不及的东西。然而再仔细一想，它们却恰好是我一直以来所关注的对象的另一面，最平庸不过的另一面。冷酷无情的严肃认真，无上崇高的理想典范以及对神秘的渴求——被幽默、诡辩与悖论所修正。痴愚的到来既在意料之外，又在情理之中。

同时，这个主题为当时正大行其道的围绕着差异、他者与界限所进行的辩论提供了一种相对的视角，堪称完美。我怀着孩童般愉悦的心情把几个词换成了"痴愚"，这种替换令最最枯燥的文章焕然一新，摇身一变成为灵感的源泉。另外，这样做的结果是，许多推理与论证暴露出其诡辩的一面。

就这样，我那充满挫败感的研究忽然有了新的对象，那就是该研究本身的缺陷；后知后觉地，我明白了自己那愚蠢的收藏家狂热、傲慢和总想成为最有趣的人的这一需求。原来这一切都是我与痴愚和解的尝试。我自己以及他人的痴愚所造成的盲目狂热和令人裹足不前的羞耻感，恰恰是我存在的原动力。是时候揪住蠢驴的耳朵，迎难而上了。

痴愚的特征

"一个对他人及自己毫无用处的人，是一无是处的。一个人应当发挥一些作用。"

"作用？我有。"雅克回答道。

"什么作用？"

"人类蠢事稽查员，谁都没我忙。"

欧也尼·努斯，《我们的蠢事》

循着穆齐尔的足迹，我发现了一系列有关痴愚的严肃研究。这些作品常常引人发笑，却无意为之。作者有神学家、哲学家、社会学家、心理学家和医生。这些搜集来的书很快就形成了一个小图书馆。我将痴愚的所有定义归类列出，却意外地发现，它被定义为一种独立的力量，而非一种缺陷。

这一观点在中世纪及文艺复兴时期的肖像画中再次得到印证。痴愚与其他品质一样，也拥有一席之地。例如，在一幅画中，我们看到一个女人裸露着双乳，头上戴着水仙花冠，靠在一只山羊身上，山羊的口中嚼着刺芹。水仙影射希腊语中的 narkè 一词，意为"迟钝"（"麻醉"一词由此而来）。普林尼认为，山羊在吃过刺芹后就拒绝往前走。裸露的双乳暗示着放荡。在这幅寓意画中，痴愚的三种表现形式得到了生动地体现：迟钝、顽固、举止不端。

（图2）痴愚寓意画，弗雷德里克·奥滕斯。摘自普特，《自然与风俗之万国大剧院》，代尔夫特，1743，阿姆斯特丹大学图书馆馆藏。

一幅1665年的版画与之遥相呼应。一个女人长着鹰的翅膀和猫头鹰的头。她的衣服上挂着小丑的铃铛，手上拿着阿莱基诺的人头杖。阿莱基诺身上总是带着一包用来戏弄人的豌豆。猫头鹰在西欧是痴愚的象征,因为,它在白天是睁眼瞎,毫无抵抗之力。我还想到一句荷兰谚语:"人人都认为自己的猫头鹰是鹰。"换言之,即自己的孩子是天才。在这幅版画中,痴愚的特征并非迟钝,而是躁动。而智慧,相反的,则急而不燥。

(图3)痴愚寓意画。摘自雅各布·凯茨,《寓意画与徽章》,阿姆斯特丹,1665。

简而言之,痴愚与极端的外在相关联:要么太慢,要么太快。然而,十八世纪末,中庸的痴愚则被强调出来。在肖像画以及文学作品中,愚蠢的庸人占据了舞台的中心。只消想想圣亚森特、普吕多姆先生、特里布拉·包诺麦、布瓦尔、佩居榭和平庸

DIERLYKE
BYLAAGE.

1. Edel, trots, moedig, vermeeten.
2. Nog al edel, evenwel niet van den edelſten aart.
3. Zwynachtig, vasch, onedel, ezelachtig, traag.
4. Middelbaar karakter, verre van traagheid, en onderwerpinge, —— en evenwel niet edel en groot, meêr vuurig, dan edel, meêr wild, dan groots.

5

(图4)① 《动物增刊》。摘自约翰·卡斯帕·拉瓦特,《观相术文选》,阿姆斯特丹,1784。

的巴塔维即可。

中世纪讽刺剧中的丑角作为集体之罪的化身,堪称典范。与之相反,庸人则恰好代表了大众那少得可怜的美德。平庸之人罪

---

① 图中文字:1. 高贵、骄傲、勇敢、大胆。2. 还算高贵,但非上佳。3. 粗野、虚伪、粗俗、迟缓、一头驴。4. 同样平庸的特点,既不迟缓也不驯服——既不高贵也不高大。暴烈而粗野,但更为孱弱。叛徒、骗子。

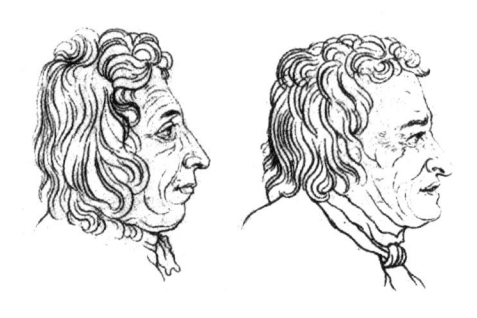

> Wederom twee zotten-gezigten, die ook in het voorhoofd reeds den stempel van natuurlyke domheid hebben. Doch niet in dien trap, als de beide voorgaande. Beiden bezitten eene zekere styfzinnigheid. Het voorhoofd des eenen 1 is te hoog en te smal, des anderen 2 te dik en te breed. — Naar beneden schynt de een goedaartig, boosaartig de ander. Beiden zouden reeds door de atonie hunner spieren als zotten te erkennen zyn.
> IV. DEEL.　　M　　　HET

(图5)① 《蠢人》。摘自约翰·卡斯帕·拉瓦特，《观相术文选》，阿姆斯特丹，1784。

(图6)《一个蠢人的轮廓》。摘自约翰·卡斯帕·拉瓦特，《观相术文选》，阿姆斯特丹，1784。

---

① 图中文字：这里还有两张蠢人的面孔，他们的前额上盖有先天愚蠢的印章。两者均有些顽固不化。一个人的前额过高过窄，而另一个则过厚过宽。一个人的脸部下方看上去还算和善，而另一个则面露凶相。只消看肌肉的松弛度，就可以把这二人视为愚蠢之人。

在无罪。与平庸之人谨小慎微的机会主义相比,将愚蠢作为自己的上上之选反过来就有了一层道德意义。突然之间,正常反而有了一丝病态。

在十八世纪,颅相学家和颅骨学家对痴愚的重新发现并非偶然。他们声称可以用圆规和直尺测量出智慧的内容与质量。凭着一股妄想症患者般的狂热,他们甚至把最为平庸的外在视为内在痴愚的表现。此类研究规模宏大。他们还声称在夜里只消看轮廓就能辨别出一个蠢人……前提是他必须是秃子。这门科学的目录与漫画讽刺作品出奇的相似。循着这个方向再进一步:依照马的外形特征来判断它们聪明还是愚蠢,并加以归类。

痴愚之科学与科学之痴愚相差无几时,即为《痴愚百科全书》登场之日。

昆虫培养基

突然(小号吹起!)*痴愚的世界*[①]出现在我的面前——一个人间王国。它的坐标与我们的日常生活相交,但事实上那却是另外一个世界,一个自我封闭的空间,有着自己的动植物种类、自己的语言、自己的地图和特有的存在原则。我感到自己仿佛一个俯身于**昆虫培养基**之上的神。

我可以——只要我愿意——怂恿一个小小的原罪。

但还缺少的,就是痴愚的逻辑、道德和美学。在《痴愚百科全书》的前几章中,我们将谨慎行事。我没有将某一种严明的观

[①] 原文此处为大写,译文中以楷体标示,后同。

点作为出发点，而是满足于提供一些局部性解决方案。"推动着我们的，是每个想法在被思考时产生的不为人知的快感。我们整理排序，却永远无法达到某种秩序。"从一开始，我们就选择随笔这一文体；只有随笔才能应对痴愚的不可预知性。"采用随笔这一形式，我们可以主观地选择某一种观点，也可以随意进行论证。只有这样，我们才有可能在偶然、矛盾与不充足理由原则横行的蠢事界全身而退。"

一些研究的中期结果以报告的形式分三卷出版。1986年，出版了关于穆齐尔《论愚蠢》中的《入门》及其荷兰语版本。随后在1988年，受福楼拜信件的启发，有人尝试将一种系统性痴愚集合成册。

第四部作品原本旨在研究痴愚地形图。这是一部看似容易完成的作品：一本关于荷兰所有愚蠢的城市的目录，里面还包括在这些城市所发生的愚蠢大事件。但就在这时，我平生第一次开始思考这个幼稚的问题：那究竟是为什么，这些城市被认为是愚蠢的？我打开了一扇门，但这扇门暂时保持关闭状态其实更好。由于书中找到的答案并不能让我满意，于是，我开始自己去寻找答案，这一找就是十年。为了不与世界隔绝，我为一些对我而言十分陌生的人做讲座，他们中有妇科医生、代理经理，还有专利局负责人。这样做的好处还在于，我可以借此对研究所得的初步结果进行检验。经过不懈努力，一套理论得以创立，它可能囊括了痴愚的所有定义与特征——第一套真正的非典型哲学。

现在您手上所捧的书就是上述研究的成果。

论点

我们的出发点，是一句俏皮话：没有人足够聪明到可以看清自己的痴愚。该论点涉及《哥林多前书》第三章第十九条所提到的"因这世界的智慧，在神看是愚拙"。而人是无法明白自己智慧的痴愚的，除非疯了。伊拉斯谟认为，只有超脱自我的圣愚才能看清——出神的神秘主义者。唯一卓有成效的解决办法即反过来看问题：人们一次次尝试去领悟痴愚，却一次次失败，而智慧不过是这些失败尝试的结果。

方法

如果按照有步骤的系统方法，论证应当根据事先制定好的提纲展开，而《痴愚百科全书》却无视这一方法。它更像是一系列尝试互相启发、互为解释的草稿。本书的论点，即文化源自一系列徒劳无功想要征服痴愚的尝试这一观点，会在不同背景下屡屡再现。阐述也并非线性的，而是依照一个循环往复的、愚蠢的大纲所展开。随笔每次从不同的角度阐述论点。不断更新的论证方法充实并巩固论证过程，而不是一味地重复同样的论据。因为并非只要论述无懈可击，就能有优雅的风格；而论证会在某一时刻戛然而止，而非得出一个结论。这就是本书阐明自己论点的方法。《痴愚百科全书》本身就源自一系列徒劳却想要看清痴愚的尝试。为了能尽可能失败得有趣一些，随笔的文风时而逻辑分析，时而辛辣讽刺，时而煽动挑衅。

为避免误解：透视主义的追随者相信有一种"无法到达"的本质。相反，认为痴愚存在于人们想要揪住其尾巴而进行的绝望挣扎之外的这种幻想，我们不敢苟同。

与普通百科全书并无二致，本书中有许多照片与插图。一切顺利的话，论述与图片会相辅相成，带来意外的启示。引文亦是如此。我们文化的一切表现形式皆为成功的痴愚，以此作为出发点，举例从哲学到动画片，皆有涉足。在发现他者的基础之上，随笔为我们提供了广阔的实验空间。另外，与其说我们在以我们的论点去解读这个世界，不如说这个世界在用自己的花园、书籍、打滑的下坡路及其不断的衰落诠释着我们的论点。天地万物皆为我用，来证明我们的观点，即便有失偏颇，也在所不惜。

一方面，我们从一些参考书中得到灵感，如罗伯特·布尔顿的《剖析忧郁》、巴尔塔沙·葛拉西安的《廷臣论》、费英格的《"仿佛"哲学》；我们借鉴了吉尔伯特·基思·切斯特顿、J.-P. 格潘和克莱芒·罗塞的作品。且不说我们拜读过的其他文章"狮子是消化掉的羊造就的"；现在就看驴的胃是否足够强大了……

羊皮

《痴愚百科全书》的工程如此浩大，以至于所有关于痴愚的书籍在其中都能找到自己的位置，包括《痴愚百科全书》自己。爱思唯尔出版社出版的《鸟类大全》，独出心裁地以仿蛇皮装订。受此启发，为展示此次创举之疯狂，我们特意为几本《痴愚百科全书》定制了专属驴皮封面，以飨读者。

图片盒

> 因为他，利用几何这杆秤
> 能把酒壶的大小量不差
> 如果面包或黄油缺了斤两，
> 他就用符号和切线来解决它；
> 利用代数学，他明智地告诉人们
> 什么时辰闹钟敲了几下。
>
> 萨缪尔·巴特勒，《胡迪布拉斯》

一些人就加法的空气动力学属性、一个吻的确切重量、上帝的面积展开了研究。还有关于轻微瘙痒感的详细数据、关于鱼尾巴对潮汐的影响以及一门有关无知的辩证法。还有一些人将日落加以分类整理，建立出一套鹦鹉语言基础的模拟理论，或者根据橙子的维生素、矿物质、纤维、色素分子及味觉分子、大小、周长等特征对其进行定义。

为什么这些研究如此令人痴迷，如此滑稽，同时又如此令人欢欣鼓舞呢？与其说是因为它们是对科学的讽刺与戏谑，不如说是因为它们恰恰模仿了在我们想要理解存在之意义的尝试中无处不在的痴愚。这些有趣的论证令人想到一脸严肃的科学工作者背后所隐藏的愉悦，将整个宇宙压缩成一副模板，将世界精简为一个图片盒所带来的孩童般的欢乐。

另外，这种偏执的研究为生活提供了一条红线。将全部精力投入到存在的某个方面，不管它有多么的愚蠢，我们总能从中学到知识并乐此不疲。

《痴愚百科全书》同样也为无法辩护之事辩护，但这属于一个更为狂妄自大的工程。风险在于，我的图片盒很有可能和世界同样之大。

如果我不幸早逝，我可能会留下一盒子稀奇古怪的书，一套我收藏的荒诞不经的图片和数目惊人的卡片。而我本人，一直以来，都梦想着能以某种形式，找到这样一个盒子。

变没了的手帕

> 我是一个魔法俱乐部的成员——六个神秘人俱乐部，这六个神秘人如此之神秘，以至于我都不认识另外五个人。
>
> 汤米·库珀

在一次表演中，魔术师汤米·库珀把左手拿着的一块蓝色的手帕变没了，又不可思议地把它从上衣右边口袋变了回来。他不顾职业道德，在观众面前，通过重复慢动作，揭开了消失的手帕的秘密。他以极慢的速度把蓝色手帕塞进左手，吹了一口气然后做了几个故作神秘的动作。随后，从幕后走出一名助理，从库珀拳头中把手帕抽走，塞进他的右边口袋，然后消失在幕后。笨拙地跳了几个舞步之后，汤米·库珀以极为缓慢的动作从右边口袋中抽出了手帕。在掌声中，他说谢也也也谢也也也大啊啊啊家啊啊啊。

汤米·库珀非常清楚地展示出我将如何揭开痴愚不为人知的一面：并非通过打破禁忌，而是通过将故弄玄虚推向极限。

老路

寻找痴愚之人无法避免陈词滥调。相反，该做的，是以另外一种逻辑去表现它。我们在别人走过的老路上开始我们的探险之旅。

第二章　蠢人俱乐部

沼泽骑士

　　一位骑士出发迎战痴愚——一个特征不明的怪物；只知道它的名字和地点。骑士全副武装，手握宝剑，前往泽国。他越接近目的地，就越下沉。惊愕不已的骑士最终被沼泽吞噬。

痴愚地形图

　　痴愚是无法辨识的；只能以否定的形式，通过将痴愚与另一特征对比来定义它，或者被定义为一种缺失。这并不意味着它不存在。我们都很清楚痴愚的确存在。每一天，我们都能在日常生活中的自己以及周遭人的身上看到它的影子，但却总是迟那么一步。痴愚仿佛一条总被越过的边界。总是在越过之后我们才意识到已经越界。只剩下各种痴愚的空白。而在此期间，痴愚却一直不见踪影。如何锁定一个没有特征、具有特异反应性、奇怪而荒谬的"存在"呢？

辨识痴愚的尝试却创造出痴愚，这种危险是存在的，而痴愚恰恰存在于差异之中。它总是在别处。一旦被找到并命名，它便失去了令人窘迫难堪的特质。痴愚一旦被认知就变成新的智慧。

我们能做的唯一一件事情，就是放置一些指示牌，提示潜在的险境。

指示牌

坎彭的两名新来的养路工接到一个任务，负责把一处刚刚回归大自然的树林中所有的指示牌都摘掉。当任务完成时，其中一个人开始思考如何找到返回的路。另外一个人用十分令人欣慰的语气说这根本不成问题；他们手上不是有所有的指示牌吗？

致命的组合

我所说的痴愚，既非针对小丑，也非针对类似的反常或无知之人。我更不是在找那些与大众行为相左之人的麻烦——恰恰相反。我所感兴趣的痴愚与其说关于例外，不如说关于规则本身。我在这里所讨论的是人的典型痴愚，一种对人的发展甚至颇有裨益的痴愚。

痴愚是一个美学范畴；在大部分语言中，描述痴愚的词汇都追溯到某一种感官缺陷。在中世纪荷兰语中，domp（实际上是 domb）一词与中古高地德语中的 tump、tumb、tum，哥特语中的 dumbs，旧高地德语中的 tumb，古撒克逊语中的 dumb，和高地德语中的 dumm 相对应。这些词极有可能与 doof（耳聋的）一词的词根有关联。第一层含义是"stom"（mutus），这个词现在我们知道的含义分别是"哑巴"和"愚蠢"。现代法语中"愚蠢"（stupide）这个词在十五世纪时意为"麻木迟钝的，瘫痪的"，而"白痴"（imbécile）一词在当时则是"体能虚弱"的意思。"蠢笨"（sot）这个词在一些地区仍保持了"因寒冷而变得迟钝"的意思。再想想 débile（原意为"虚弱的"）、borné（原意为"受限制、受阻碍的"）、abruti（原意为"迟钝的"）这些表示"愚蠢"的词吧。痴愚之所以被定义为智力缺陷，就在于：头脑**内**的缺陷很可能意味着头脑上的缺陷。感官上的障碍会影响对现实的理解。或反之亦然：外在的缺陷可能是内在缺陷的征兆。

词源基本上总是搞错。这样的词汇衍生将我们带到一条错误的道路上，因为痴愚并非一种缺陷。它是一种不可或缺的品质，有其特有的逻辑。那些在智慧领域寻找痴愚的人至多在他们自己的智慧范围内变得稍微博学一点点，但对背后的痴愚之国一无所知。

痴愚的对立面并非智慧；痴愚的对立面是痴愚的缺失，而智慧的对立面是智慧的缺失。而痴愚与智慧的结合则恰恰是致命的！

伐木工原则……

> 越是深思熟虑，越是错得离谱。
>
> 马丁·海德格尔

几个世纪以来，一些故事说明了痴愚与智慧之间的关系。这些"了不起的"闹剧往往被安排在那些谚语中出了名的愚蠢之地的居民们身上。与其发生的地理位置相对应，这些笑话也被叫作彼俄提亚式笑话（彼俄提亚是希腊一个以愚蠢著称的地区）、哥潭式笑话、希尔德人的蠢事、"奥莱之绳"或是"坎彭的洋葱"（在法语中称之为"坎彭的小肉丸"，另有"蠢事"的意思）。

一则经典的"小肉丸"就是伐木工坐在树枝上锯树枝的故事。智慧与否就在于选择。这个人的目标明确：那就是将树枝与树干分开。实现目标的工具也十分得力：一把锋利的锯。另外，任务也完成了，但伐木工一命呜呼了。如果没有智慧的话，他的愚蠢可能根本不会带来如此毁灭性的后果。笨蛋之所以危险，就在于他们聪明，因为他们一般都能把事情做成。而且，他们越是聪明，他们的愚蠢所带来的后果就越具有灾难性。

再者，痴愚几乎从来不会被我们逮个正着，这在几年前一份报纸上的文章中得到了证实：一个人为了锯掉弄坏屋顶瓦片的树枝，爬到一棵扭曲的树上。他没有犯那个典型的错误，而是坐在了靠树干的一边。但是，在摆脱掉那根笨重的树枝以后，整棵树直起了腰身，这个人则被甩到了九霄云外。再一次地，对蠢人而言致命的正是他的智慧。

痴愚是一种才能，即无意中做有损自己利益的事情，而死亡则是其中一种极端的后果。一方面，痴愚有危险，另一方面，它却是我们存在的神秘根基：就在一系列徒劳无功想要征服这种具有自我毁灭性的愚蠢的尝试中，文化诞生了。

人类受痴愚所迫不得不开发自己的智力。

悲喜剧般地，伐木工揭示了我们一切行动——包括最为成功的行动——背后的痴愚。

"不咋的俱乐部"

1976 年，斯蒂芬·派尔——《英雄式失败之书》的作者——在英国成立了一家蠢人俱乐部——"不咋的俱乐部"。俱乐部取得了巨大的成功：有太多人想要成为其会员。想要被接受为会员，必须在某一方面非常之差。俱乐部经常会举办一些聚会，供人们展示他们的拙劣。还为一些艺术工作者创立了一个"无能者沙龙"。蠢人俱乐部揭幕晚宴选在伦敦一家烂透了的饭店。一个汤碗从粗心的女服务生手中滑落，被主席接住。但是，他由于因此避免了一场灾难的发生，被就地免职。

斯蒂芬·派尔为他的书画上了句号，而我的兴趣则刚刚开始：避免蠢事却恰恰是最严重的蠢事！以这件事为契机，他本该被命名为荣誉主席，然后立即撤职，再重新被任命的。想象一下，如果我们所有的蠢事都是未得到认可的成功！再想象一下，如果我们所有的成功都是不被知晓的蠢事！

阿姆斯特丹人

> 阿姆斯特丹，这座大城市，
> 是座水上城被架空。
> 如果某天城市颠覆，
> 无疑我们也将倾覆

　　什么是阿姆斯特丹人？阿姆斯特丹人就是我们称之为阿姆斯特丹人的人。仅这个称号就足以令阿姆斯特丹人鲜活起来。但还不只这样。任何一个阿姆斯特丹人对外人而言都代表了某种不可思议。知道的知道，不知道的也没办法知道；只可意会，不可言传。而可笑之处就在于该神秘核心完全仰仗于他人的无知。但阿姆斯特丹人自己却丝毫不知道自己在讲什么！

　　"阿姆斯特丹态度"在居民间产生了分歧：到底真正的阿姆斯特丹人是怎样的？就这样，"阿姆斯特丹态度"阻碍了阿姆斯特丹人成为阿姆斯特丹人。这就是毁灭性的痴愚。但与此同时，这种痴愚又是其存在之条件，因为就自己的身份争论恰恰就是真正的阿姆斯特丹人的特征。这也是为什么认为真正的阿姆斯特丹人不存在的说法是毫无意义的；阿姆斯特丹人在将他与作为阿姆斯特丹人的自己所隔开的距离中成就了自己。那运河、旗帜、歌曲、柏柏里管风琴、建筑和其他见证"阿姆斯特丹态度"挫败感的一切，就是阿姆斯特丹。那虚张声势、一系列大张旗鼓却又惨败而归的屡次想要证明自己是阿姆斯特丹人的尝试，就是阿姆斯特丹。这也是为什么最地道的阿姆斯特丹人总来自外省。阿姆斯特丹是荷兰的首都，而弗里斯是一个郊外的街区。

但是，一个土生土长的阿姆斯特丹人则没有必要证明自己，他无法为阿姆斯特丹身份增加半点儿东西。归根究底，他是多余的。

这就是为什么阿姆斯特丹人大批向外省迁徙。在那儿，他们狂热地保留着那堤坝上的小屋，保护黑雁和大自然；简言之，保护那构成乡村身份的一切。

无知的蛋壳

在弗里斯，有一座佛塔和一座庙。庙里供奉着一尊菩萨——受圣灵启示的僧人。他即将到达涅槃境界。但究竟是什么在阻碍着他呢？这里我们遇到了大乘佛教的一个道德悖论。问题在于，菩萨永远无法独自到达涅槃境界，因为这是自私的表现。如果他自私的话，他就不是真正的菩萨，也就无法到达涅槃境界；如果他是真正的菩萨，他就不能到达涅槃境界，因为这是自私的行为。总而言之，无人能到达涅槃境界；平凡的肉身之人到达不了因为我们不是菩萨，而菩萨自己也到达不了因为他是菩萨。（亚瑟·丹托，《神秘主义与道德》，纽约，1972）

菩萨的进退两难与罗汉——小乘佛教中的圣者——处境十分相似。小乘佛教是一种略带贬义的叫法。罗汉是一位完成八圣道、进入绝对平静境界的僧人。他以智慧之方法突破了"无知的蛋壳"；从一切"我"和"我的"的观点中解脱出来，这是获得真福的一个条件。问题在于，这种个人解脱的愿望本身就是一种自私的表现。因此，罗汉自己阻碍自己获得真福。

大乘佛教试图通过追求普世解脱的方式走出这一道德悖论；由此被冠以"大"这一修饰词。只有普世真福才是真福。以无穷尽之方法，菩萨尝试将自我无限放大。只要有一个人没有得到普度，众生就无法被普度。

菩萨尝试普度众生，而达到这一目标的方式，不是通过行善，而是通过以身作则。菩萨像体现的是一个冥想中的安详者。菩萨的不可动摇与我们躁动不安的存在之间的巨大反差本应促使我们与这个疯狂的尘世决裂。但是，这种反差的唯一作用就是进一步确认了人类无法克服的脆弱。

菩萨能做的唯一一件事情，就是将自己的真福推迟到所有人到达神启境界的那天。但也恰恰正是这件事本身体现出菩萨已经获得了神启。菩萨之所以是真正的菩萨，在于其徒劳无功想要成为菩萨的过程。他在失败中成功。

帷幔掩映中的菩萨那不可动摇的形象，反衬出了我们的不足，也让我们对涅槃那无法企及的真福想入非非。事实上，我们应当合二为一地看待这个问题。在一系列试图达到涅槃境界的荒谬尝试之外，别无涅槃。

因祸得福

> 我从他人之痛苦中吸取经验。
>
> 米南德，《名言警句》

一个人想要关门，朝门走去并关上它。这是成功了的有意行为的典型例子。

它必须符合三个条件：

（1）我们有完成一个行为的意图。

（2）这个行为被成功地完成了。

（3）我们想要完成行为的意图是行动成功完成的原因。

但现在我们来想一想下面这种情况：一个人想要关门，踉跄摔在门上，结果门因此关上了。意图是行为完成的原因；如果没有这个要关门的意图，就不可能踉跄，而不踉跄就不可能成功。但行为完成的方式不能完全被认定为有意为之。成功完全是靠运气。

我们都在这个奇特的国度逗留，这是个"歪打正着"的地方。在这里，事情因失败而成功。我们在审慎的意图与纯粹的巧合间游走。我们的生活就是因祸得福。这为我们所做的一切平添无奈的喜感。任何跨过可能之门且圆满完成之事归根究底都透着那么一丝愚蠢。

运气

当一个行为以无意且无意识地方式按预期计划完成时，我们就称之为走运。在荷兰语中，我们会用"小猪"一词表示运气。痴愚学——研究痴愚的学问——区分两种运气：源自我们智慧以外的运气和源自我们智慧以内的运气。

第一类运气：一个人想要射击某人。他打偏了，但是被子弹惊醒的一群野猪踩死了他想要射击的人。（唐纳德·戴维森，《论行动与事件》，牛津，1980）我们还能在电影《一条叫旺达的鱼》中找到一个例子：凶手瞄准老妇人，却不幸打中了她的小狗。爱犬的死令老妇人痛不欲生，心脏病发去世。

第二类运气：一个凶手开车向他的目标冲去。由于过于紧张，路上撞死了一个人，后来发现原来撞死的这个人正是他的目标。

这些有效痴愚的例子并非什么特殊情况，而是一些戏剧化的表现形式，体现了一直活跃在我们所谓理性的"体系"核心的一种痴愚。踉跄中体现的正是让世界继续运转的痴愚机制。

吃一堑

> 良药苦口。

俗话说：吃一堑，长一智。这句话表面上用来安慰那些不幸的人，事实上却揭示了我们智慧的一个不为人知的逻辑。失败是成功之母。当然，这一切只有在无意识中进行才会有效。千万不要学那个靠拿头往墙上撞以求成才的农民。那些故意以失败求成功的人都是白痴。智慧好似我们行为计划外的副作用，完全是一种因祸得福。

事后回溯效应

> 噢，玛古，你又犯了！

我们在寻找智慧，却不太知道它到底是什么。但是，在失败中，我们向着无法企及的智慧进发，而正是这样我们才变得更加智慧。更进一步说：我们所向往的智慧唯有在失败后才会不期而至。一句话，结果促成自己的原因。我们不断尝试找寻智慧，又不断失败，而智慧正是这些失败了的尝试的结果。痴愚并非智慧路上的不同阶段：智慧本身即痴愚……就这么简单。

楼梯上的灵光

> 疯子总在事后才明白。

事后回溯效应原则支配着世界。要积累知识，我们必须失败，只有失败才能让我们明白自己的谬误。经验总是姗姗来迟的、事后的。一切智慧皆为事后智慧，这就是楼梯上的灵光。晚餐时有人提出一个粗鲁的问题，而我们绞尽脑汁也找不出一个尖酸刻薄的回答好还以颜色；但就在下楼梯时，巧妙机智的反驳却涌上唇边。我们体系里那令人晕头转向的楼梯间里闪烁着的智慧，那就是楼梯上的灵光。"事后领悟"这一神圣领域值得我们景仰。

在坎彭——荷兰蠢人之都，有一栋建筑完美地诠释了我们存在的"事后"特点。坎彭人建了一个教堂，但是忘了加楼梯。人们事后在教堂外面靠墙的位置，加盖了楼梯。

厄庇墨透斯

> 人生只有在事后凭经验才能领悟，却只能在事前先验地去过活。
>
> 克尔凯郭尔

我将一切事后获得的，一切无意且无意识中获得的称为厄庇墨透斯式。提坦厄庇墨透斯是"后见之明"之人，"先见之明"之人普罗米修斯的兄弟。

厄庇墨透斯负责赋予地球上每种动物以生存必需的本能。一种动物，他给它力量而不给速度；另一种动物，他则给它速度而不给力量。他赋予一些动物锋利的爪子；而另一些，他则赋予它们一双翅膀。他在所有动物之间建立起一种平衡，以便任何物种都没有灭绝的危险。但是他忘记了人类。（如果普罗米修斯真的有先见之明，他早该知道厄庇墨透斯会把任务搞砸。）

(图7) 与楼梯上的灵光有异曲同工之妙，智慧在阿姆斯特丹戏剧学院的楼梯间被赋予了另外一层含义。反思之镜与谨慎之蛇诠释着痴愚的死对头。摄影：鲁斯·阿尔德肖夫，1988 年。

为了补救，普罗米修斯从雅典娜那里偷来智慧，从赫淮斯托斯那里偷来技艺与火种赠与人类。赫耳墨斯则司政治艺术。（参见柏拉图，《普罗泰戈拉》，赫西俄德，《神谱》）

我们的文明之父并不是普罗米修斯，而是那个"从错误中获取智慧"的愚蠢的厄庇墨透斯。他的失误迫使人类遵纪守法，发展完善。人类试图在事后将损失降低到最低而屡战屡败，屡败屡战，我们的文化即这些尝试的结果。智慧围绕一切又违背一切而发展。失败这个因素被大大地低估，而且，如果从统计学的角度出发，失败甚至是我们的存在最重要的因素。

卓有成效的盲从

悲剧主人公逃避的举动却将他带向预言中的命运，此中我们也能发现厄庇墨透斯式的因果关系。愚蠢的预言纯属偶然却之所以实现，完全要归功于主人公徒劳无功想要逃避它的一系列尝试。

缺憾与盲从是卓有成效的。预言之所以实现，完全得益于莫名其妙的焦虑以及对虚构事件的确信不疑，而后者事实上却是信则灵，不信则不灵。虚构的结果造就了真实的因果关系。对结局的预言导致预言最终实现。没有预言，就没有痛苦的错误，而没有错误，就没有预言的成真。一切预言本质上都是厄庇墨透斯式的；含糊其辞的说法唯有在事后才真正成为预言。

痴愚作为我们存在之神秘根基

> 以河为界,滑稽的正义!比利牛斯山这边是真理,而那边是谬误。
>
> 帕斯卡,《沉思集》

我们对我们的知识抱有一种盲目的信心,并不是因为知识本身的智或真;知识之所以被认为智且真,是因为它被大多数人所认同。我们遵守规则,并不是因为规则有效;规则之所以有效,是因为所有人都遵守它。我们在红灯亮时停步,并不是因为红色这个颜色有迫使停步的作用。红色的灯之所以能行使其指挥交通的作用,完全仰仗于我们的停步。一条规则之所以有效,不在于其根据,而在于我们大众的行为。决定我们之存在的,并非理性,而是风俗习惯。

万事开头皆滑稽。起初,我们在戏谑中服从一条愚蠢的规则,只要服从上足够长的一段时间,这条规则就能发挥毋庸置疑的效力。简言之:果先于因。即厄庇墨透斯式因果关系。效力并非规则的自然属性,而是我们服从的结果。

机器人

> 我们既机械又思考。
>
> 帕斯卡,《沉思集》

道理可以说服大脑相信规则的智慧甚至其疯狂，但人身上的机械性却被习惯所支配，所有赞成或反对的理由全部加起来，也敌不过习惯之强大。同样的，痴愚也与错误的理解或知识的匮乏无关，而是出于机械性。

The problem of accommodation　　　　　　123

LABORA ASEIIE QVOMODOEGOLABORAVI
ETPRODERIITIBI

（图8）① 罗马帕拉蒂诺山的一所学校墙上的涂鸦（公元一世纪）。

有悖于一切逻辑，我们将自己托付给荒谬的规则。习惯把我们塞进规则的模子里定型，只要持续上一段时间，最终我们就会相信规则。皈依不过是一个时间问题。

没有人会因为道理而服从一条愚蠢的规则。道理只对那些已经"中招"、已经相信规则的人有说服性，仿佛这愚蠢的规则就是他们个性化的智慧。那些声称自己服从规则的不是因为盲目地认为规则就是规则，而是因为自己的头脑告诉自己规则有效的人，是在自欺欺人。道理皆为事后的合理化；而思考本质上就是厄庇墨透斯式的。

---

① 图中文字：埋头苦干吧，小毛驴，就像我一样，你会受益匪浅的。

痴愚之信条

我们服从法律,并非因为法律是公正的,而是因为法律是法律。在这个重言式中,我们看到了法律的不合法根基:唯有得到所有人的服从,法律才合法。法律愚蠢的这一面表面上阻碍了法律的生效,但实际上却为法律之被服从奠定了神秘的根基。法治国家的存在,在于其徒劳无功想要令法律合法化的尝试之中。法律恰恰是因为它总有那么一点令人费解的东西,才让人为之着迷。

我们相信,并不是因为理由充分。我们相信,是因为它愚蠢,或者更进一步,就如德尔图良说过的那样:**因为它愚蠢且不可能办到**。痴愚,打破了行为与信念之间的和谐,却是构成我们信仰的必要条件。信仰的发展有悖于一切逻辑。(海宁·施罗尔,《矛盾的思维方式作为神学问题》,哥廷根,1960)

藏起来的宝藏

一条河决定了智慧或愚蠢:当地的风俗习惯决定了一件事是否合法。盲目服从反过来构成了服从规则的理由。但是,我们社会的这种愚蠢根基必须不为人知,否则一切规则与法律都将失效,我们的信仰也将崩塌。痴愚只有在不为人知的时候才起作用。这就是为什么我们对整件事闭口不提,佯装法律的本质即为公正。幻想的作用就在于此。

一个富裕的农民,在临终前叫来两个懒惰的儿子:"不要卖掉家里的地，因为地里埋着宝藏，但是我不知道埋在哪里。"在父亲去世后，两个儿子把地翻了个底朝天也没有找到宝藏；可是，由于他们的劳动，这一年的收获为他们带来了真正的财富。

简言之，他们的劳动反过来创造出了驱使他们劳动的财富。拉封丹的这则寓言体现了幻想成真的过程，告诉我们想象中的财富是如何带来真正的财富的。更进一步：如果没有幻想，农场将毫无希望。因为，暴露痴愚——即让儿子耕地是为了耕地本身——对他们的士气而言将是致命的。

如果我们考虑一下判例和法律解释，就会发现这显然不仅仅是一个简单的寓言。

被审判的法官

> 就算世界崩塌，痴愚也不会终止。

法官讲话时好像是在教育罪犯。但研究显示，罪犯似乎从来不会感到悔恨。但尽管这样，法官继续宣读判决，以重申他及他所代表的人民的正义感。但是挑明法官开庭是在给自己讲道理这一点对于司法秩序而言是灾难性的。因此，我们继续假装法官是在教育罪犯。

我们的一切机构都靠痴愚运行。我们的地球多亏这些小幻想和信其有的白痴才能继续转动。痴愚有益。

卡尼维尔斯坦

有益的误解还扮演着励志角色。赫伯尔的**卡尼维尔斯坦**（"不知道"的谐音）的故事（《莱茵家庭之友的小宝盒》，1811）就是一个很好的例子。

"无论是在埃门丁根、贡德尔芬根还是在阿姆斯特丹，只要愿意，人们每天都可以对人类活动的反复无常浮想联翩，就算天上没有馅饼掉下来，也总能与自己的命运和解。但是，在阿姆斯特丹，以一种极为不寻常的方式，一个德国木工歪打正着地明白了这个道理。"

四处旅行的木工看到一栋房子，周围种满郁金香、紫菀和紫罗兰。他用德语向一位路人询问房主的名字，路人回答道："卡尼维尔斯坦。"

在艾伊港，他看到一艘装满货物的船。当他询问船主是谁时，得到的是同样的答案："卡尼维尔斯坦。"

最后他遇到一支送葬的队伍，当他询问死者的名字时，得到的答案依然是："卡尼维尔斯坦。"

"可怜的卡尼维尔斯坦，"他喊道，"现在这么多的财富又有什么用呢？最后和贫穷的我还不是一样，只剩下一条裹尸布和一张床单；你所有那些漂亮的花朵现在又有什么用呢，最后只剩下冰冷的胸口上那一小束迷迭香，或一株芸香。"

之后，每当他抱怨这世上的财富分配如此不均时，他总会想到阿姆斯特丹的卡尼维尔斯坦，想到他的大房子、船和船上满载的货物，想到他那小小的棺材。这样，他终于学会了与自己的命运和解。

幸福的蠢人

"为了达到目的,可以不择手段。"这个帽子被错误地扣在耶稣会士的头上。我们所服从的规则是:目的之所以存在就是为了使手段与规则合法化。而秩序则是手段和规则的副作用,前提是人们没有意识到它们的愚蠢之处。

目的与手段之间关系的这种逆转必须不为人知,否则我们那彼俄提亚式的愚蠢行为中所隐藏的真福必将好景不长。

法律那刀枪不入的威力来自于我们徒劳无功想要以令人满意的方式服从法律的尝试。如果我们意识到这一点,真福将不复存在。无知与真福之间关系紧密;幸福的蠢人们。可惜的是,我们太过愚蠢,对此浑然不觉,但同时,意识到这一点会令我们的真福戛然而止。但我们可以在不快中找到快感。

彼俄提亚和彼俄提亚式愚蠢

> 那么这个邪恶的魔鬼究竟是什么?它甚至不配被用胆怯来形容,言语无法描述它的卑鄙,自然否认曾经创造了它,语言也拒绝为它命名。
>
> 艾蒂安·德·拉博埃西,《论自我奴役》,1550

(1) 农民用漏勺取水。
(2) 拍卖估价人如此激情洋溢地吹捧农民那不值一文的奶

牛，以至于农民又出高价把奶牛买了回来。

（3）农民与自己的影子比赛溜冰。

（4）一个农民谎称一头鲸鱼搁浅。当所有人都争相前往沙滩观看时，他自己也信了，加入他们的行列。

（5）一个农民向一名路人出售一只公鸡和四只母鸡。但是由于路人身上没有钱，农民同意了他用公鸡做抵押。

这些彼俄提亚人的光辉事迹并非对规范与准则的颠覆，相反，它们体现的是潜伏于正常之中的反常。为阐明这一点，我引用艾蒂安·德·拉博埃西在《论自我奴役》的几句话来解读这类"彼俄提亚式愚蠢"。在他对权力的分析中，我们可以分辨出五类愚蠢：习惯的力量、附属帮凶、迷惑力与无知之间的关系、幻想，与真福。

（1）习惯尤其具有让我们学会被奴役——就如同传说中最终习惯了毒药的米特里达梯六世一样——和学会喝下奴役的毒液却浑然不觉其苦的力量。

（2）我们不是暴君的受害者；暴君的权力来自于他的受害者。"如果没有你们的纵容，他怎么敢冲向你们？如果你们不是偷你们东西的窃贼赃物的窝主，不是杀害你们的凶手的帮凶，不是你们自己的叛徒，他能把你们怎么样呢？"

（3）暴君的权威并非来自他异于常人的品质，恰恰相反：只要暴君那真实、愚蠢的本质不为人知，他便可以运用自己颇具迷惑力的权力。"亚述诸王尽可能迟地在公众前露面，为的就是迷惑百姓，让他们觉得自己多少有那么一些异于常人［……］于是，在这个谜团的笼罩之下，许多民族养成了被奴役的习惯，而且更为心甘情愿地接受奴役，虽然他们既不知道自己的主人是谁，也不知道自己是否有主人，而且都深深惧怕着想象中谁都未曾见过的那个人。"

（4）"他们坚信伊庇鲁斯国王皮洛士的大脚趾可以治愈脾脏的病患。"我们并不是善于招摇撞骗的暴君的受害者，"人民总是这么蠢，自己编造谎言出来，然后再骗自己相信。"

（5）如果百姓们愿意，暴君的统治有可能被终结。那他们为什么自愿被奴役呢？因为他们也能从中获得好处。他们认为暴君是在用自己的财富满足他们的需求，但事实恰恰相反："头脑迟钝的人没有察觉原来他们只获得了原本就属于他们自己的财富中的一部分而已。"

但还有一个理由。"自由，人人惧之。"那这又是为什么呢？"仿佛因为自由得来太不费工夫，所以反而拒绝这一珍贵的所得！"即"语言不愿命名的魔鬼"，痴愚之核心：我们偷偷在不快感中找到了快感。所有受虐狂的愚蠢做法都见证了此类真福。每次灾难过后，蠢人们都急不可耐地奔向下一次已经注定的失败。

"坎彭的蠢事"之智慧

痴愚与其说在于谬误，不如说在于执迷不悟，这种执迷不悟往往还与一切逻辑相悖。甚至那些起初有助于我们发展的思想流派，最后也与我们为敌。逆转出现在"蠢事发生之际"。

亨利·柏格森认为，重复、逆转和误解是闹剧用来声讨这种愚蠢的机械性行为的三大法宝（《笑》，1899）。但他认为，阻碍运转的盲目机械性构成了推动地球转动的原动力。我们笑，并非如柏格森所想，是为了改变这一僵硬的、实用主义的、无意识的行为，而是因为它在嬉笑怒骂中打趣着一个不能说的真相。坎彭的蠢事触碰到了作为我们文明的神秘基石的痴愚。蠢事以喜剧方式去表现我们的悲剧存在,即人唯有在失败与错误中才能走向智慧。灾难铸就了我们的成功。

那些铤而走险之人之所以好笑,并不是因为他们逆理性行事,而是因为他们暴露了理性的愚蠢根基。我们神经质地看着木偶笑,却不知道也不想知道其实我们所做的与木偶所为并无二致。我们的笑体现了我们的负罪感。

蠢事是对抗惊愕的武器。一方面,玩笑提醒我们警惕我们存在的愚蠢核心;是一剂对抗魅惑的良药。另一方面,幽默造成轻微的恐慌,有助于消除对痴愚的焦虑;是一种医治不知所措的妙方。

(图9)木刻画。摘自《蠢人书》,1680。

两种痴愚之逻辑

两个蠢人想建一座市政厅。在山顶上,他们砍伐了需要的木材。然后，他们把木材运到山脚。突然，一不小心，一根木材滚落山崖。这让他们灵机一动；让木材滚到山下不是更聪明的办法吗？于是他们重新把木材搬上山顶，然后再让它们滚到山脚。

两个相反的举动诠释出两种痴愚的逻辑。第一种是把木材从山上运到山下。从某种意义上讲，这算是一种有效的痴愚，良性的痴愚；它是思维过程的一部分，是试验——错误周期中的一环。此类痴愚所造成的痛苦能够让我们变得"智慧"。我们的特征就是它留下的伤疤集合而成的。

第二种痴愚则隐匿在相反的举动中：木材被重新搬上了山顶。这种痴愚完全落在思维过程之外。它不是思维**内**的痴愚，而是思维**本身**的痴愚。

意识到第一类痴愚能够帮助理解，促进发展，因此是"进化的"。然而，意识到第二类痴愚则是革命性的。它的后果，或疯狂，或永福：思维挣脱了规则的束缚，无中生有创造新思维的道路被打通了。

痴愚的这两种形式在斯多葛学派的概念的含义中也有所表现，这个概念既代表痴愚又代表疯狂。思维是一种游戏，在游戏过程中，我们既可能有所赢取，也可能输掉我们所拥有的知识，但我们也可能输掉整个游戏。

喜剧的间歇

在动画片里的经典场景中，兔八哥跑步冲出悬崖边。它在空中继续向前走，脚下空空如也。唯有当它向下看时才——"哦喔"——意识到自己的处境。敌人认为,整个人类就处于这样的一个喜剧的间歇。在无法察觉的痴愚和具有灾难性的对痴愚的觉察之间,即我们存在的所在。

没有人足够聪明到能够看清自己的愚蠢。不过这样最好不过了。意识到自己的愚蠢,不仅对于愚蠢本身,而且对于建立在其之上的智慧而言,都将是灾难性的。

做蠢事的人不知道自己很蠢,而且固执己见。从某种意义上而言,他还算聪明,因为,至少他坚持自己选择的道路。

意识到自己的愚蠢不仅意味着第一种愚蠢的终结,更意味着建立在愚蠢之上的智慧的终结。理解将与疯狂纠结在一起。

第七重天

两件蠢事之间的空间,也就是愚蠢与意识到愚蠢所引发的疯狂之间的这部分空间,即喜剧的所在。

在动画片中,主人公被炸飞,被压得稀巴烂,被活活剥皮,然后马上又站起来,仿佛没事儿一样。同样,比利时故事里的比利时人屡战屡败,比利时王国却依旧完好无损。

人们与这些笑料中的人物并无二致。我们也一样,跌倒后欢快地爬起来;好像有某种智慧拍胸脯担保,不仅能够出痴愚而不蠢,而且还能让我们从错误中吸取经验。我们如入仙境愚蠢地闲逛,让智慧替我们思考。我们对智慧的盲目信任令我们的一切活动都有了那么一丝喜剧,一丝不真实,一丝固若金汤,一丝比利时。

(图 10) 摘自玛吉特·威廉姆与赫尔玛尼德,《特效》,阿姆斯特丹,1991。

空中漫步的生活之秘密

每个人自言自语,自说自话,对自己幻想中的知识如数家珍,对自己存在的理性根基盲目自信,就如同没有安全网保护的空中杂技演员,和那只漫步空中的兔八哥一样。

兔子怎么可能不摔下来呢?因为这是在动画片里。但就让我们先顺着动画片里的逻辑思考:兔子继续在空中漫步,因为万有引力被暂时中止了,因为大自然在一段时间里,遗忘了自己的定律。就像神话故事一样,如果万有引力定律被引入的话,巨人立刻就会粉身碎骨（这让人难免会认为写这类巨人神话故事的人都有背痛）。

弗里兹·弗里伦创作的动画片《高空跳水》（1949）揭示了这个笑料的秘密。牛仔约塞米蒂·萨姆去观看一个马戏团的死亡之跳节目：从一栋高楼的楼顶跳入一个注满水的小水池。由于演员好像生病了，罗亚尔先生——又名兔八哥——受萨姆所迫顶替这一角色。兔八哥被五花大绑，站在梯子顶端的跳板上。萨姆将跳板锯断。萨姆立刻就连同梯子和平台一道掉了下去，而勇敢的兔子则继续在锯掉的那截跳板上空中漫步，并且对着观众说："我知道这不符合万有引力定律，但是，呃，你们知道吗？我从来都没学过法律！"好像重力只有在被人们意识到时才起作用一样。笑点就在于：兔子非常清楚自己对某些东西不了解，但只要它不了解，就没有危险。

智力之痴愚

所有人都知道我们的知识是虚幻的，科学是一个由自行参考的规则与定律所组成的体系。只要我们人人都装疯卖傻，都佯装我们的智慧是站得住脚的，就能一切正常。幻想让世界转动。而揭露事实将会带来致命的后果。

但是，我们究竟在糊弄谁呢？如果每个人在内心深处都清楚地知道我们的知识是空中楼阁，那到底又有谁不知道呢？是谁在不顾一切地坚信我们的知识是有理有据的呢？答案是十分矛盾的：智力不知道，也不得不不知道。思维有内在的安全防护机制，我们的智力程序排除了让我们直接看到痴愚的可能性。没有人足够聪明到能够看清自己的痴愚,甚至就连这一点,我们靠智力都无法看到。

我们的智力之痴愚,在于我们无法看到智力之痴愚;但是,这同时又是智慧所在。发现我们知识的痴愚会将我们抛到知识之外,损害它的正当性,并由此损害辨别力的合法性,毕竟后者建立在该知识之上。

斯派克的财富

> 你被双重的不理解攫住了:你不过是一个无知之人,我的朋友!而且你不知道这一点。
>
> 杰雷米亚斯·德·戴克

理性的进出口被一个经典悖论堵住:**我们无法学习学习**和**我们无法避免思考**。(这导致了哲学陷入一种人类的癫狂:我思我所思;和这句被奉为金玉良言的废话:我在我所在。)

在痴愚的门前,我们还遇到两个神秘的怪物。一方面:痴愚不可企及。没有人能达到完全彻底的愚蠢。思维过程在暗中阻挠着准蠢人的意图。任何行为,无论有多愚蠢,都透露着那么一丝巧妙。但意图本身也在耍花招。有意扮蠢并不能证明自己有多蠢。

另一方面:**痴愚不可避免**。蠢人不可能说:"好了,现在让我们严肃些吧。"即便他这样做了,他的智慧也已经有了愚蠢的意味。

既然这样,如何才能获得有关痴愚的知识呢?愚蠢的人不知道愚蠢是什么，也不知道自己不知道。不愚蠢的人不知道到底什么是愚蠢。

不仅无知在为我们随处设障，就连知识也同样在玩弄着我们。我们的思维走不出阻碍我们走向"真知"的俗套。痴愚与智慧的对立本身就是阻碍我们看懂痴愚的俗套之一。知识的痴愚妨碍了我们走向关于痴愚的知识。

而且，相反的：不断丰富的知识让我们越来越远离所要寻找的痴愚。关于痴愚的知识让我们看不到知识的痴愚。

简言之：痴愚既遥不可及，又无人能免；这就是愚蠢的智者所面临的困境。妄自尊大将我们困住，令我们动弹不得。"就像在斯派克一样。"这句话是指进入了死胡同。斯派克是荷兰格罗宁根省的一个村庄。这个村庄围绕着一个教堂而建成，没有明显的道路。一不留神就出了村，却还浑然不觉。有个趣闻讲到，威斯特法伦州的一个农民（俗话说愚蠢之人）绕着教堂转了三十六圈，说道："斯派克可真是富庶之地啊，这里至少住着三十六个铁匠！"

同样的道理，我们也觉得自己学识渊博。

种盐

> 在一部优秀的百科全书中，找不到任何别出心裁的东西。
>
> 洛伦佐·莫拉雷斯，《智愚学》，1692

如何才能证明智慧的痴愚性，如果我们不得不在论证的过程中使用同样的智慧呢？只有通过建立一套明显荒诞不稽的理论了。只有一套在荒谬中体现自己痴愚所在的理论才能防止我们落入迂腐学究的陷阱。

作为出发点的前提条件如下：**我是愚蠢的！**我们由此回归一种悠久的写作传统，该传统注重对疯狂的描述。这个前提观点非智即痴。如果这个观点是明智的，那它就是自相矛盾的，因此还是愚蠢的；如果这个观点是愚蠢的，那么它反而体现出一种智慧。这个不可能实现的前提条件令智慧与痴愚间的鸿沟变得深不可测，而维系思维的正是这瑕疵本身。

这个论点遵循说谎者悖论的墨伽拉逻辑。墨伽拉是希腊的一座以愚蠢著称的城市。但最令这座城市声名远扬的是这里的辩论术学院：强词夺理的艺术。诡辩结构与喜剧性规则之间关系紧密。但是我们所采用的方法论却并非对思维的恶搞，而是对在我们头脑中一直发挥作用的愚蠢的忠实模仿。

我们模仿不同的思维方式，并加以整合，是为了祛除其僵化的因素，提炼其令人困窘的精华。这两方面共存于 stupeur（stupor）（惊愕）一词当中。该词在词源上与 stupidité（痴愚）十分相近。我们不应在智慧中寻找痴愚的解药；解药，应当在痴愚自身的辩证法中寻觅。

一些愚蠢但有效的方法令我们的存在变得明白易懂。辩论术为我们提供了揭示这些方法的手段。"愚蠢"，是因为这些把戏唯有在不为人知的时候才有效。这一条对于谎言而言同样有效，但与说谎者相反，蠢人对自己的辩术充耳不闻。

针对这一幻觉，我们不提出任何哲学真理或逻辑真理，而代之以谬误推理式的修辞真理。我们尝试在形式上超脱备受责难的内容。我们试图总结出一套关于痴愚的没有充分依据的理论。与此同时，该理论不费吹灰之力，以间接的方式为我们指明一个方向。道理隐藏在方法之中：通过模仿痴愚，我们令智慧具有产出效益。

我们深耕沙滩，播种盐粒，收获刺芹。

在痴愚麾下

> 宁失败，不绝望。
>
> 阿姆斯特丹高中校训

在阿姆斯特丹的雷古里尔大街，战后在一栋后来被拆掉的房子里，开了一家宾馆，名字叫多姆宾馆（Hotel Dom）。Dom 在荷兰语中表示"愚蠢"。当宾馆的主人还只是位于街角的卡顿酒店的客房服务员时，她曾经表示自己希望有朝一日能拥有属于自己的宾馆。但是别人却说她太蠢了，根本不可能经营自己的宾馆。由于无法放弃自己喜爱的工作，她选择退隐投入到自己的蠢事中，并把它发挥到极致。

有条不紊的痴愚

> 根据"愚蠢之事重复千遍即成真理"原则，我们认为，知识只不过是对所有既往谬误的回忆。
>
> 鹦鹉先生，马克斯·雅各布，《显花植物》，1907

痴愚是一种禁忌。这也是我们取笑别人的愚蠢，竭尽全力掩饰自己的愚蠢的原因。如何与我们自己的愚蠢共处？怎样才能避免继续并且始终成为自己的愚蠢的受害者呢？

与愚蠢抗争是愚蠢的。将愚蠢作为进攻目标的智慧注定在自己的智力导航网中迷失。预防于事无补。干出蠢事的人等到意识到这一点时已经为时过晚。我们无法阻止蠢事的发生。例如，最愚蠢的办法是因为害怕说蠢话而缄口不言。

对付已经做出的蠢事的最好办法是立即重复它。重复拔去了愚蠢的毒刺，将愚蠢变成玩笑。无意的愚蠢变成有意的愚蠢；人们会认为你是一个谈吐诙谐之人，在我们的文化中，这个小窍门可谓根深蒂固。

两个互相关联的故事很好地诠释了这种有条不紊的愚蠢。一个南非来宾，由于不谙荷兰宫廷礼仪，喝光了洗手水；威廉明娜女王看后照做了。重复拔去了愚蠢的毒刺。

另外一个故事的主人公是一个在非洲的中国人。有人为他上了一根香蕉，由于他不认识这种水果，就连皮吃掉了香蕉。为了给他的客人一个教训，无礼的主人刻意而夸张地剥掉了香蕉皮。中国人看着他，拿起了第二根香蕉……然后再一次地连皮吃掉，并解释说，香蕉带着皮更好吃。这里同样的，重复拔去了愚蠢的毒刺。

愚蠢无人能免。但我们可以让自己的愚蠢变成一种个性化的独一无二的愚蠢。既然我们无论如何都注定要失败，那就失败得漂亮些。既然我们无论如何都要跌倒，那就在高歌中跌倒。以最精彩纷呈最千变万化的方式，愚蠢可以让我们摆脱平淡无奇与刻板僵化——愚蠢最危险的两面。让我们化愚蠢为力量。

第三章　废佬——空中特技员

愚蠢不是我的强项。

　　　　　　　　　　保尔·瓦莱里,《趣味先生》,1895

信条

　　没有人足够聪明到能看清自己的愚蠢。但这样再好不过了。我们徒劳无功想要遏制自己的愚蠢的尝试恰好成就了我们的智慧。

　　"每当我发现自己的愚蠢时,都证明了自己。"

谁是废佬（Fallor）？

> 我败，故我在。（Fallor, ergo sum.）
>
> 圣奥古斯丁

废佬在语言、服装和饮食习惯方面均不同于他的朋友。这些不同勾勒出他的存在。简言之：他的身份由他的外在界线所设定。

但废佬也有自己的内在界限。他何时才是真正的废佬？永远都不是。他自认为十分了解自己的优点和缺点，却每一次都因自己的愚蠢而瞠目结舌。

真正的废佬不存在，但这不是问题。废佬之所以为废佬，在于他想要证明自己的华丽而无用的努力尝试。愚蠢是他的强项。失败定义了他的身份。"如果失败无法避免，那么就失败得漂亮一些。"

这些想法，是废佬先生在家里的健身车上狂踩脚踏板的时候得出的。这也是他唯一一个能找到自我的地方。

悲观者的狂欢

废佬过日子，并不是因为生活有多么的真、善、美，而仅仅是因为生活就是生活的样子：愚蠢。从这个角度而言，生活对他而言高深有余，愚蠢不足，他就干脆假装生活是真、善、美的；或者假、恶、丑的：生活是悲观者的狂欢；多好的运气！

耳垂

犹太人有一个传统，在每一座新盖的房子里，都砌歪一块砖头，以示人类的不完美。在废佬出生后，他的母亲用牙把他的耳垂咬了一小块下来。

这些表示谦虚的举动表现出的是傲慢；而这恰恰体现了他们真正的不完美……

户口簿

年轻的父亲与妻子嬉戏，跳上桌子，压死了婴儿。

关于痴愚美学

废佬用箱子把波尔图·科尔纳酒店的玻璃门推开。仿佛是为了考验疲惫不堪的住客，宾馆彩绘玻璃上的罂粟花下方刻着这样一句话：眠而不寐……被这个辩证的句子搞得云里雾里，废佬一头倒在床上。

再一次地，事情好像变得有点不对头。几分钟后，废佬发觉壁毯上的图案既没有重复也毫不对称！

在《判断力批判》中，关于纯粹的自由美，哲学家伊曼努尔·康德举了三个例子：进行曲、蜂鸟和壁毯的图案。毫无目的的效率，只要能达到理性与想象之间的和谐，就能带来冷淡的快感。

相反，宾馆房间墙壁和天花板上杂乱无章的图案由于超出了废佬的智慧与想象，令他感到极为不适。

如果能想到隔壁房间的壁毯与自己房间里的完全一样的话，他或许会平静一些。但是废佬抵御住诱惑，坚决不向壁毯师傅求助。他选择将这令人心烦意乱的壁毯看作让自己怒放的方式：在与阻止他成为自己的因素斗争的过程中，废佬成为废佬。

成为自己的主人，废佬终于进入了梦乡。

痴愚美学的更深层思考

第二天早上，废佬对着洗手池上方的镜子原地踏步了二十多公里。不久，他又陷入漫无边际的思绪之中。

战争、星座和圣皮埃尔大教堂让人感到不适，是因为它们超出了我们的想象。但是，也正是因为突出了我们的局限性，它们间接地让我们对至高产生遐想，康德认为，正是这一点在不快感中引发了快感。

相反，墨伽拉逻辑则促使废佬认为至高是由我们的痴愚所定义的。我们的惊愕之外别无超自然之物。"狂暴歌颂的是人类的痴愚。"

这让废佬吓了一大跳，清醒过来。他折起了健身车，收拾好箱子，离开了波尔图·埃布尔乃酒店。

微量痴愚

为了避免悲惨结局，废佬总是为自己的愚蠢行径火上浇油。这并不意味着他在故意做一件蠢事。显然，痴愚总是在不知不觉和无意中发生。那如何是好呢？这愚蠢之火上所浇的油就是空想、荒谬和不可能之事。任何明确的目标都有上述特点；一件注定失败的事，一件也唯有失败才能指引我们走向智慧的事。

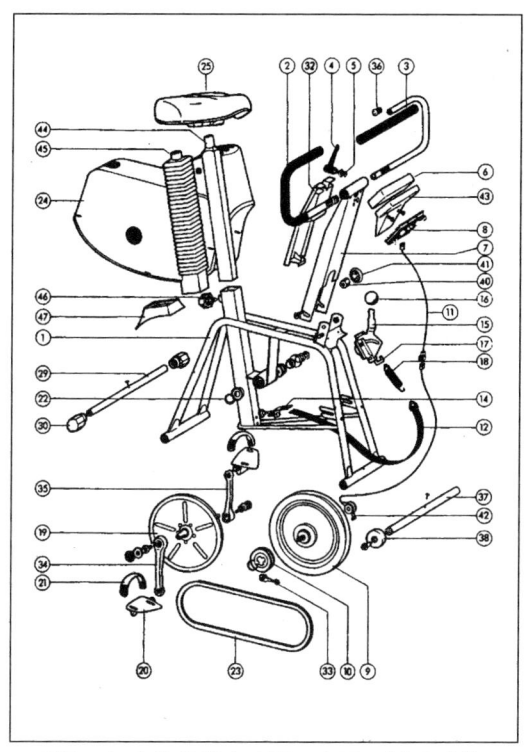

（图11）废佬的秘密武器示意图："高尔夫"。

从华美到滑稽

废佬的花园里总是充斥着他为了塑造自己的生活而费尽心思

做出来的稀奇古怪的硕大雕像：一台用锅、羽毛和小旗子制作的机器，一条延伸到无限远的隐垣哈—哈，一座庞大的方尖碑和其他宏伟的雕塑。

这些雕塑是严格意义上最华美的失败。对废佬的生活进行完美的再现是不可能的。但是，在失败中，这些雕塑隐约透露了废佬的生活本来可能呈现的样子。它们在失败中成功。

洋洋自得的废佬在花园里一待就是好几天。

邻居常想，废佬如果没有这些雕塑是不是还能活下去。在竭尽全力却徒劳无功想要成为废佬的尝试以外，废佬的生活还有别的内容吗？

没问题。废佬视华美为滑稽；硕大无朋的雕塑诠释了废佬生活的精髓所在：失败。用锅、羽毛和小旗子制作的机器缓缓地启动，庆祝着废佬的幻灭。

从未听过的学科

废佬曾经每天都在**掉头**饭店吃饭。常客们总是围着一个长桌就餐。废佬找了个位子坐了下来。"谁给你权利坐在这里的？"他的邻座问道。对这个问题十分感兴趣的废佬问这个人是否是学法律的。

"您猜。"学生回答道。

"休闲科学？空间—时间管理？人体工程学？"

那个人看着他笑而不语。

"心理学？人智学？哲学？"

废佬绞尽脑汁想要给出正确的答案。"经济学？天文学？建筑学?"学生被逗乐了,鼓励他继续猜下去。废佬说出了他能想到的所有的学科。"文学?考古学?音乐学?"学生嘴角的微笑渐渐消失了。"数学?医学?物理学?"废佬和他的邻座一样,感到越来越不确定了。到底是谁在耍谁?

当废佬由于已经说完所有自己知道的学科,而不得不开始重复时,对方已经确信废佬一定知道自己到底是学什么的了。

怒不可遏的学生离开了饭店。歪打正着的人又一次取得了胜利。

痴愚学

应用痴愚学是不存在的。痴愚的法则不是用来实践的。试图故意搞砸一件事以便从其副作用中得益本身就行不通。痴愚的法则唯有在不知不觉和无意中才会奏效。

就如同墨菲定理一样:"凡是可能出错的事必定会出错。"但是不要尝试去应用这一法则,因为这样你们会成为希尔伯曼悖论的受害者:"如果墨菲定理有可能搞错就必定会搞错。"(亚瑟·布洛,《墨菲定理》,伦敦,1985)

废佬在戏剧学院学习跌跤,他失败的跌跤获得了巨大的成功。

休假中的废佬

散步中,废佬先生一直在等待河流流过。

第四章 哈—哈

三张愚蠢的地图

如果我们想要绘制一张足够准确的地图,那在这张地图上我们也应该标出这张地图本身,标出来的地图里面也应该套着套着地图的地图,以此类推,直到无穷。罗伊斯在《世界与个体》(1899)中描述过此类"嵌套式结构"悖论。

卡罗在《色尔维和布鲁诺(完结篇)》(1893)中提到的无穷尽全面地图的悖论则属于另外一种性质。我的绅士描述了一张地图,这张地图如此忠实精确以至于达到了一比一的比例。但是农民们却对此表示反对,因为他们担心一旦把地图打开,农田会被覆盖,阳光也会因此被遮挡。

然后有一个人灵机一动，想到把地区本身当作地图；从此，这个地区为它的居民们很好地充当了地图的角色。

这三张地图诠释了痴愚这个问题。每一种都体现出了对全面性的追求。但是为达到完备性所付出的努力受到某种痴愚的阻碍。在这种痴愚的作用下，无论何种组织形式迟早都会触礁。这种努力还受到某种疯狂的威胁，它难以捉摸，随时都有可能让整个体系陷入崩溃，成为一场闹剧。无穷尽的微缩告诉我们其实正是地图绘制本身妨碍了世界地图的成功绘制。

痴愚对于体系而言是一种威胁；与痴愚的直接交锋有可能会让人感到**不知所措**。但是痴愚同时又是我们体系运行的一个条件：它可以预防**迟钝**。痴愚引人思考。

不知所措和迟钝是惊愕的两种形式。就如全面地图的例子所证明的那样，过多的痴愚让人惊恐，过少的痴愚令人蠢笨。简言之：痴愚必须同时远在天边又近在咫尺。

这令我们开始思考一个问题：如何才能绘制出一张全面的世界地图？之所以所有的尝试都无果而终，是因为唯有当我们把失败作为出发点时，地图的绘制才有可能成功。唯有不断提醒我们其自身不可能性的方法才能有效地预防其对立面——不知所措和迟钝。这也是为什么最好的办法是让世界成为自己的地图，因为只有这样，世界才能让我们看清我们所做的一切有多么的愚蠢。

危险的是，日久天长，我们有可能会忽视这一内在的疯狂，**这个将世界与作为自己地图的世界区别开来的空白地带**，我们有可能会觉得司空见惯。为了弄懂这一点，我们需要对法国和英国园林建筑中的隐垣哈—哈进行研究。

法式园林的荒诞

> 勒诺特将烦恼关在墙内。
>
> 勒泽马-内西亚,《风景》,1800

法国最具有代表性的园林建筑师是安德雷·勒诺特(1613—1700)。这位数学家、画家和园艺家被路易十四任命为凡尔赛宫花园的园林建筑师。以线性透视法的几何法则作为护体,他开始了自己与大自然的斗争。

法式园林十分注重形式,围绕着一条从宫殿放射出去直到天际的中央轴线建成。轴线的每一侧都对称地分布着花坛、喷泉、具有象征意义的雕像和映射出天空的水池。从台阶望去,整个花园一览无余。就像路易十四的格言所说:**我见,我征服**,花园一眼便被征服。这同时又是一种弊端:法国园林中寻不到丝毫的神秘。对称立即就令人生厌:

> [……]大自然孕育
> 每时每刻变换着世界的戏剧,
> 而我们,在华丽而无用的围墙里,
> 将它囚禁在有限的图案与藩篱:
> 在这里,有时我会赞赏秩序与对称;
> 但这一天的愉悦是终生的痛楚。
>
> 圣朗贝尔,《四季》

花园内部的对称让我们厌倦，同时，其外部边界也存在着缺陷，因为无论统治者的庄园有多么的辽阔，我们早晚都要撞到一面墙。封闭让我们感到一种被囚禁的恐慌。同时，还唤起一种想向墙外看的不可告人的欲望。我们怀疑在墙的另一边或许有更美的风景。这种焦虑感破坏了我们身在花园的愉悦感。

围墙不仅将文化与环绕着文化的大自然分开，障碍物令形式化的花园的内在局限性暴露无遗。而它固有的有限性以墙的形式体现出来，则尤其令人震撼。对称带来一种压迫感。我们感到被外化，被驱逐出真正的大自然。为了避免这种不适，我们在许多法式园林中引入了啊—啊。

啊—啊

> 对最佳观景点和对远处景色的喜好源自大部分人在他们所不在的地方容易感到惬意。
>
> 让-雅克·卢梭，《新爱洛伊丝》，1761

我们在狄德罗和达朗伯编写的《百科全书》中达让维尔所撰写的"啊！—啊！"一条中可以找到啊—啊的定义："啊—啊（园艺）栅栏或界沟。指的是没有铁门的开口，与通道处于同一水平面上，下方有一条沟，令人因意外而喊出啊—啊。据说是殿下——路易十四的儿子——在默东花园散步时发明了这个词。"

在一些地方，划定花园界线的墙由从远处看不见的深沟所代替。啊—啊事实上源自部队。它起初是为敌方骑兵设计的陷阱。在园林建筑学中，啊—啊被用来将我们从窒息感中解放出来，让我们能够欣赏周边的风景。另外，它还可以防止不受欢迎的人入内。

但是，就连啊—啊也无法让我们对花园产生好感，恰恰相反。举目眺望远方是为了不去看近在咫尺的事物。天堂在别处。唯有无法就地取材的蹩脚艺术家，才会想到去开窗。啊—啊体现了艺术家的失败并且令人产生挫败感。我们看到了大自然的凤毛麟角，但我们更希望能随心所欲地享受它的全景。沟渠的发明使我们意识到花园的滑稽之处。"啊—啊"并不仅仅是一声惊叫，更是梦想幻灭的惋惜。

相反，凡尔赛宫花园试图通过啊—啊的引入，造成一种花园拥抱整个世界的幻觉，以减少压迫感。没有了墙的阻碍，从中央运河放射出去的小路向着天际无限延伸，仿佛视觉轴线，暗示在花园之外别无他物。表现上无限延展的秩序同时也象征着统治者帝王无限的统治权。

（图12）凡尔赛宫的一处啊—啊。摄影：马蒂斯·范博克塞尔。

但是，这种绝对主义也注定失败；其唯一的后果就是令人感到压迫感的无限延伸。世界变成一座没有墙的监狱。

啊—啊的发现终结了空间无限的幻觉，却同时提醒了我们秩序的荒谬。啊—啊既是尖声的惊叫，也是宽慰的叹息。

法式花园从未给人以第二自然的感觉。法式花园中也找不到试图营造第二自然的角落。那如何才能与一切花园内在的荒谬达成和解呢？将啊—啊变成哈—哈！

英式花园的荒谬

英国园林建筑学最重要的代表人物是朗塞洛特·布朗（1715—1783）。他被称为"万能布朗"，因为他能够迅捷有效地评估出一块土地隐藏的可能性。布朗所规划的蓝图，是改良版的英国乡村。这是一种美学的重言式：布朗想要把大自然变成一个像大自然的花园。英国园林的理想型就是田园风光。

骑马绕花园一圈再稍微计算一下，他就能画出一张平面图。在汉普顿宫花园里，布朗在向莫尔解释他的手法时作了这样一个巧妙的比喻："这儿。"他用手指着一个地方，说道："我加上一个逗号，然后，在那儿。"他指着另外一个地方，继续说道："我加上一个冒号；在另外一处（为了阻碍视野，需要稍作停顿）加上括号，随后再加一个句号，然后我就去做别的事情了。"（由爱德华·马林引用，《英国景观与文学》，牛津，1966）

就好像他唯一的角色就是加注标点，让大自然表达自己。但是在威廉·古柏的诗句中，布朗的点睛之笔具有决定意义：

他说话。湖泊变成草坪；
森林消失丘陵崩塌，
　　　　　［河谷上升
河流宛如为他所生，
他的魔杖指向那儿，就流向哪儿。

为了实现他的理想，布朗甚至叫人移走山丘，迁移村庄，改道河流，淹没河谷，拔掉或移栽成千上万的树木。当他说到一块土地的"能力"时，人们仿佛感到这是对**场所精神**的戏谑。罗马人认为场所精神是主宰一个地方的初始精神。布朗所体现出来的"精神"更多是貌似轻率实则前瞻的主宰性做法的回溯效应。一切都体现了向未来几代的展望。而他自己则永远看不到结果。

树栅在设计之初用来防止年幼的植被被牲畜破坏。当花园全盛之时，他们人工的出身已经渐渐被淡忘了！许多今天被视为英国平原典型风景的设计都出自布朗之手。在他去世时，沃波尔写道："他的技艺如此精湛，以至于他能成为最幸福之人，同时也让他最容易被人遗忘：他将大自然模仿得如此惟妙惟肖，以至于他的作品已经与大自然难分伯仲。"

哈—哈

草地在笑。
　　　埃曼努尔·泰绍罗，《亚里士多德的望远镜》，1654

实现了花园—风景的有机结合，同时也令英国的风貌发生了深刻改变的人工设计,是哈—哈的引入。"影响最为深远的,在今后的历史中最为重要的一步(我认为布里奇曼是这个设计的创始者),是围墙的拆除和沟渠的发明——这个创举在问世伊始就广受青睐,老百姓发现在散步时,眼前的道路被以一种既突然又难以察觉的方式中断,为了表达这种惊讶,他们亲切地称之为'哈!哈!'"沃波尔在《现代园林艺术随笔》(1771)中这样写道。

注意:感到惊讶的,不是专制统治者,而是老百姓。与当时的政治环境一样,环境也焕然一新。为了创造大自然的假象,围墙需要被沟渠所替代。就在沟渠的里面,在其中的一边,砌起了一面墙;沟渠的另一边被做成斜坡状,直到地面高度,这样动物可以到渠底吃草,沟渠的底部不会杂草丛生。在地形陡峭的地区,直接在耸起的一侧砌一面墙盖上土,底部挖一条排水渠。

有了哈—哈,从远处看,农田好像是花园的延伸,但是羊群却无法进入花园:

> 在草原边缘吃草游荡的羊群
> 似乎常常出界;犹豫不决的眼睛
> 看不清它们啃的是草原还是草坪
>
> 威廉·梅森

花园好像与大自然天衣无缝地融合在一起,哈—哈也消失其中。哈—哈带给我们的是四周大自然连续不间断的完整景色。花园"融化"在乡间,构成了一片微笑的花园。

(图 13) 哈—哈的几种形式。

第二自然

> 我担心大自然只不过是第一习俗,就像习俗不过是第二自然。
>
> 帕斯卡,《沉思集》

英国园林以夸张讽刺的形式体现出,第一自然早已成为第二自然。关于布朗的老师,英国园林建筑师威廉·肯特,沃波尔写道:"他跳过藩篱,发现整个大自然不过是一个花园。"整个大自然是一个花园,从这个原则出发,花园与大自然如此的水乳交融,以至于根本不分你我。这就是自然主义的观点。英式花园消失在其理想之中。花园变成风景,大自然变成它自己的花园。卢梭认为，艺术的消失确保了花园的完美，但是在这里，我们所说的花园的完美是由花园的消失所确保的！

人们常常说，我们对大自然的看法是由文化所决定。在这里，我们需要补充的一点，所有"毋庸置疑"的自然都有一个哈—哈。

与法式花园相反，由于英式花园已经与周围的风景融为一体，哈—哈的引入并没有带来幻灭。"哈—哈"是再平常不过的尖叫。我们嘲笑貌似多余的沟渠。但是，正是它在从内部规划着我们在其中散步的"大自然"，当我们明白这一点时，就会马上停止嘲笑。

大自然的乐池

> 一个真正的艺术家应当狠狠地欺骗观众。
>
> 埃德蒙·伯克

在大卫·盖瑞克的戏剧《忘川河》（1740）中，伊索在乔克斯通爵士——一位布朗的追随者——的陪同下站在冥河河畔。爵士对地狱的规划提出了批评意见。另外，他还这样评价香榭丽舍大道："真是一塌糊涂，毫无品位！毫无想象力！你们的河，就是那条，你们管它叫什么来着？冥河，对了……它真是跟弗利特河的排水沟一样的直啊。你们本该让它拐几个弯，再加上缓坡的。这个地方有很大的'潜力'，但你们如果能疏间左右两边的小树林就好了。总而言之，整体上需要呈现多样化、延伸感、反差和不规则。"（他一直走到乐池，突然停下脚步盯着那条沟看。）"瞧，这不就是一条漂亮的哈—哈嘛！"（由爱德华·马林引用，

《英国景观与文学》，牛津，1966）

乐池让人感到身处剧院，前提是它不被察觉。同样的，哈—哈是英式园林的秘密出发点。

就像法国的啊—啊一样，英国的哈—哈不仅体现了花园与大自然在形式上的分离，也体现出了所有花园的局限性。但是，两者之间的差别巨大。

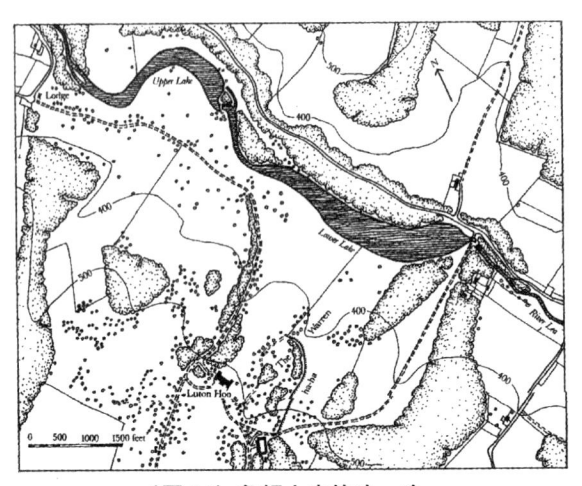

（图14）鲁顿山庄的哈—哈。

法式花园的局限性是花园本身：时间久了，令人愉悦的造型会带来压迫感。为了摆脱园林形式主义的荒谬，人们引入了啊—啊，借此与周边未被加工的大自然建立一丝联系，造成一种文化无限的假象，但这种尝试是徒劳的。

相反，在英国风光中，花园固有的愚蠢却变成审美快感的源泉。有了哈—哈，花园从一个由围墙圈起的地块升华为一个与大自然融为一体的园区：简言之，局限性摇身一变成为轴心。具有压迫感的形式化为一种原动力。花园的活力源自其内在张力。这种张力并非存在于文化与自然之间，而是自然——必须是"加工"后的——与蕴藏在哈—哈中的不可遏制的痴愚之间的张力。花园在一系列徒劳无功想要变为第二自然的尝试中有了自然的特性。英国风光本身就是一个变幻无穷的花园，是一个矛盾体。

这就是埃德蒙·伯克美学的基础。

情欲经验论

> 痛苦之美远观则为最动人之美。
>
> 埃德蒙·伯克

与他们的法国同行一样，英国的园林建筑师开始了与大自然的抗争。大自然被视为一位**原始未开化的女神**。如果没有人拥有神圣的理性取其精华，弃其糟粕，大自然将永远无法达到完美的状态："每当大自然失败时，布朗都在行动。"

新柏拉图主义认为，唯有一个极为完善有序的自然才能通过美向我们展示真与善的精神。

艺术家应当以自然为蓝本，设计出能够体现理想典范的造型。这诡辩不得不令人叹服：人类改善了大自然，是为了随后人类能够反过来被大自然所揭示出的真理所改善。

新柏拉图主义是肯特式花园的核心，但为了了解他的学生布朗，我们需要深入埃德蒙·伯克的情欲经验论。他在1756年发表了《论崇高与美丽概念起源的哲学研究》。这时，布朗刚刚成为风景园林师。伯克认为，大自然的原始信息既没有道德价值，也没有教育意义。美所唤起的既不是真，也不是善，而是……爱！不是柏拉图式的爱，而是肉体之爱。伯克在这里指的并非强烈的肉欲或渴望，而是某种形式的怜悯与情感。花园没有为我们提供通往天堂的道路，却能通过展示自我缺陷的方式让我们与尘世达成和解。

法式花园处处由智慧所主宰。智慧用刻度和比例尺，将树木变成圆柱状、金字塔状或方尖碑状，将篱笆变成墙，将山丘变成花坛，将河流变成水渠，将小路变成几何图形。但是，美不是理性与智慧的结晶。大自然告诉过我们："蔬菜的美并非来自比例。"（《研究》，Ⅲ，Ⅱ）这里无关完美。伯克继承了以休谟为代表的十八世纪怀疑主义传统，他提出了人类理性的局限性；但是，不同的是，他将这一内在局限性视为美的本质。

主宰一切的不可能性成为布朗式花园的主要魅力来源。为了为我们免除愚蠢的担忧与焦虑，英式花园走的是一种**渐进的多变**路线。无休止的重复和突兀的反差剥夺了趣味，而趣味恰恰是美最为典型的效果之一。正因如此，风景中所有的直线——即便是天然的——也都一一被布朗破坏；花园的外部轮廓极为不规则，而在花园内部，蜿蜒的小河两边是缓缓隆起的草坪，上面布满了弯弯曲曲的小径；湖边崎岖不平的土坡上随意生长着各种花草树木，水中影影绰绰——这是唯一能够被接受的对称，因为有风和水的打扰。

"之"字的形而上学

在这里，彻头彻尾的把戏原来是彻头彻尾的真相。

华莱士·史蒂文斯，《有人拼起了一只凤梨》

英式花园拒绝任何形式的全景。时间主宰着空间：法式花园可以从一个静止的位置看过去，一览无余，但是英式花园却是慢慢地一点点地被游移的眼睛纳入眼底。我们可以称之为"之"字的形而上学。小径一会儿将我们带到新奇的景致中，一会儿又以不同的角度展示着同样的元素。花园在散步的过程中变得"完整"。

尤为关键的是"动"，它远比"静"更令人放松。埃德蒙·伯克在《论崇高与美丽概念起源的哲学研究》中写道："坐在舒适的敞篷四轮马车中，突然被带到冈峦起伏的草坪上，看着那平缓的山坡，这种感觉，大部分人都记忆犹新。这更好地诠释了美，它比任何其他东西都更好地指明了美的缘由。"

就如同摇篮或摇椅一样，在花园的一次散步让人们在付出努力的过程中得到放松。

伯克在谈到英式花园之外，还举了女性脖颈和胸前的部位这个例子，来形容美的原动力："具有欺骗性的迷宫，眼花缭乱，四处游走的眼神不知何处落眼，亦不知被引向何处。"无法找到支撑点，这正是英式花园的魅力所在。不同形式之间的内在张力甚至令花园有了一丝情欲的味道。让人萌生想要轻抚亲吻这景色的欲望。

伯克提到画家威廉·荷加斯，后者在《美的分析》（1753）提出了"美的线条"的观点。他在蛋、香菜、菠萝和齐本德尔设计的家具中发现了这样一条流畅的线条。这条蛇状的线条（在平面和立体中均能看到）是对称与不对称之间力量博弈的结果。该内在斗争即美的魅力所在；痴愚为想象提供了广阔的空间——前提是要掌握好度，因为如果反差过大，美将登峰造极，超出我们

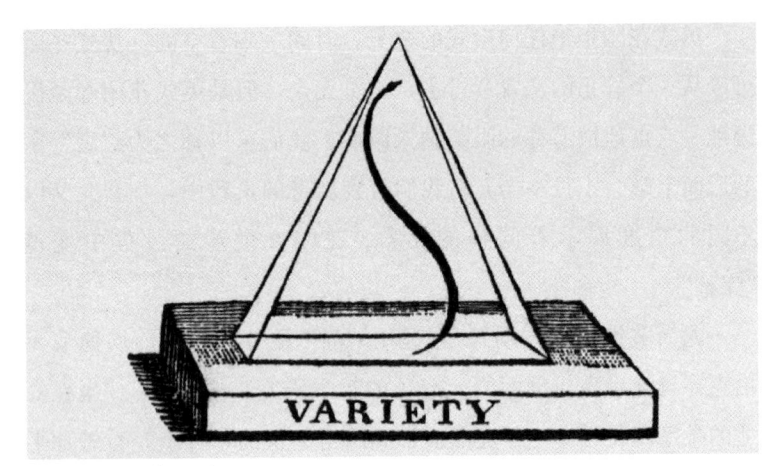

11a. Logo, *Analysis* title page.

（图 15）威廉·荷加斯笔下的"美的线条"。《美的分析》一书的封面图案，伴有从弥尔顿的《失乐园》（9. 516—518）中引用的句子。撒旦化身成蛇，扭动着身子诱惑夏娃："为了吸引夏娃的目光，他扭动着身子变幻着形状，在夏娃面前打成许多结。"

的想象力，并由此导致**惊愕**。

  法式花园围绕着一条从宫殿台阶放射而出直至天际笔直的中央轴线落成，与之相反，英式花园则围绕着一条无始无终贯穿景致的"美的线条"落成。这个线条既不能向我们保证日后更高层次的和谐，也不能将所有矛盾聚合成超验点，而是能够形成一种"和谐的不谐和"，一种无序在其中继续发挥积极作用的有序。恰恰是蛇形蜿蜒的线条令花园有了天堂的意味。

  最后，"之"字的形而上学建立在一个把戏之上：内在的局限性成为花园成功的保证。一条狡黠的哈—哈拔地而起：**草原在笑。**

寓意

啊啊。

博斯-德-纳热

"天堂"一词起初在波斯语中既表示"花园"（指大自然里圈起来的空间，围栏的意思）也表示"真福者之地"。几百年间，人类都徒劳无功地尝试着将两者有机结合起来。园艺只不过是一

（图16）哈—哈路。摄影：范默克肯。

系列无休止的徒劳无功想要把大自然变成乐园的尝试而已。从某种意义上来说，一切花园皆在自己妨碍自己成为天堂。花园是花园的敌人。

但是布朗把大自然化为它自己的花园，成功地化愚蠢的死胡同为豁然开朗的出路。该手法在未臻完美的情况下避免了挫败感。正是因为他还留下一些有待改善之处，花园才有了大自然的感觉。英式花园在失败中成功：悄悄伴随着每条美的线条的，是"哈—哈"。

每当世界看似毋庸置疑，我们都应当警惕哈—哈，秩序为其核心——痴愚——留下了可乘之机。

跋

1979 年，伦敦维多利亚与艾伯特博物馆举办了一场风景园林展。人们寻遍了目录与图册，都找不到布朗的作品。在一块小小的牌子上写道，他的作品"是仅持续了半个世纪的谬误，令英国人远离了所喜爱的复杂精致、群芳争艳的园林风格。英国人一时头脑发热毁了自己的花园。**英式花园**就是这种疯狂的结果〔……〕。他的艺术与贡献仅限于对土地、水和树木进行调整"（理查德·比斯格鲁夫，《英式花园》）。

事实上，布朗并未想要创造什么生动别致的内容。他彻底与意大利、荷兰及法国风格等形式主义花园决裂。他关注的不是花朵、花坛、庙宇圣殿和其他肤浅的东西，而是美的线条。

布朗式矛盾统一的花园与大自然融为一体。他的花园融入四周正常情况下会用于安置花园的空间里。"空"的花园不仅与其他花园极不协调,也与整个花园属极不协调!在"英式花园"种中,"花园"与自己的对立面发生了正面冲突。

布朗"看不见的"花园因在展览中的缺席而引人注目,也就不是什么纯粹的讽刺了。展览无法为破坏整个属的花园提供一席之地。但与此同时,这一耻辱为园艺留下了烙印:花园属唯有在反抗否定花园的花园中为自己正名。

第五章　地狱里的蠢人们

蠢人的地狱

卢克莱修（《物性论》，Ⅲ，978—1023）认为，我们应当试着去理解地狱里所受折磨中蕴涵的寓意："而且所有在阿刻戎河最深处等待着我们的这一切，据说，早在此生既已注定。"

神和来自命运的打击所引发的恐慌毫无益处却时刻折磨着人。在巨大礁石下颤抖的坦塔罗斯（当他想要喝水或吃饭时）就是这些受害者的化身。内脏被两只巨鹰不停啄食的提堤俄斯象征着饱受爱情折磨的人，被嫉妒撕扯，被焦虑咬噬。西西弗斯为了把巨石推上山顶而付出的徒劳的努力代表着想要统治人民徒劳的努力。达娜亚试图用水装满无底桶的尝试代表了永无止境的欲望。

卢克莱修眼中的地狱并不在另外一个世界，而是在尘世间。恐慌是对盲目欲望的惩戒："但是人生本身就为最作恶多端之人准备了最为严厉的惩罚，让人们饱受恐惧之苦。"我们害怕惩罚、监禁或酷刑，另外，"除此之外，深谙自己缺点的灵魂被恐惧攫住，感到此痛此刑绵绵无绝期，更害怕这痛苦与折磨在死后会变本加厉。没错，蠢人的地狱在此尘世间"。

但是，卢克莱修没有看到隐藏在无休止却徒劳的想要缓解我们痛苦的尝试中的快感；一种不快感中的快感。但是这种真福仅限于头脑简单的人有资格享有。我们的战斗毫无希望，我们奋斗仅仅是为了奋斗本身，对这一点的醒悟令我们的人生成为地狱。

超脱

恐慌之外别无地狱，另外，恐慌将永伴我们的存在。恐慌破坏了我们的快感，与此同时却维系着世界的运转。我们在对死亡的恐惧的驱使之下，奋不顾身地投入到生活之中。恐慌激发了对性，对权力，对声望盲目而贪得无厌的欲望；其反过来导致由惩罚、痛苦……和死亡所引发的恐慌。我们被囚禁在这个循环周期里。在死亡所带来的恐慌和生命所带来的冲动之间的摇摆不定令此生变成了活地狱。对死亡的恐慌最终将导致对生命的仇恨。

走出这个地狱的唯一方法就是超脱——无忧无虑。禁欲主义者尝试通过离群索居和极力压抑欲望的方式把自己从幻想中解放出来。但是这一与生存和解的尝试也同时是一种自杀性举动。极端的超脱与行尸走肉没有区别，是终极痴愚的一种形式：因害怕犯下蠢事而让自己丧失知觉。惧怕生活，禁欲主义者在暗中向往着死亡。

一些恶毒的谣言说，卢克莱修可能死于自杀，终年四十五岁。

彼俄提亚式的地狱

"坎彭蠢事"的愚蠢与希腊地狱的惩罚两者之间，有着非常多的相似点：

——愚蠢的市民用漏勺取水。达娜亚！

——市民们把自己从山上搬下的树搬上山，然后再滚下山，因为他们觉得这样做更省事：西西弗斯！

——为了寻找"对面的客栈"，市民们不停地过马路。坦塔罗斯！

——为了不丢掉磨石，市民把头塞进磨石孔然后滚下山。被绑在燃烧着的轮子上不断转动的伊克西翁！

——在汪洋大海中，市民们用力推桅杆让船前进。带着紧绷的弓箭不停找寻塔尔塔罗斯的赫拉克勒斯！

彼俄提亚式的蠢事所诠释的并非人类活动的夸张讽刺，它体现的是潜伏在日常生活中的地狱：我们愚蠢、机械化的行径带来的副作用是秩序，前提条件是这些行径的痴愚不为人知，而且要坚信目标就在远方的某个地方。

只有那些对蠢事有鉴赏能力的人，那些拥有这一"可怕的天赋"的人，才能看清彼俄提亚式的地狱。福楼拜认为，这种天赋会终结一切生活的乐趣。

(图 17)《运磨石》。木刻,摘自《蠢人书》,1680。

地狱之门

跨入此门的人,放弃一切希望。

但丁,《神曲》

宙斯曾赠与人类一个装满了所有的善的密封起来的盒子。在好奇心的驱使下,人类打开了盒子,善飞了出去回到天上。盒子里只剩下希望。(拔勃利乌斯,《伊索寓言》)

在另外一个版本的神话里,宙斯为了惩罚人类盗取了火,将潘多拉——"聚一切优点于一身的女人"——作为礼物送给了厄庇墨透斯。她从众神那里获得了所有优秀且具有欺骗性的品质,连同一个装满了所有不幸的瓶子。受厄庇墨透斯（"事后思考之人"）的怂恿，她打开了瓶子，瓶子里的所有灾难与痛苦都飞了出来散落到人间；瓶子里只剩下了希望。（赫西奥德，《农作与时日》）换句话说：潘多拉剥夺了人类一切希望，生活沦为地狱。

我们在原罪神话中也可以见到同样的不幸。亚当与夏娃在偷吃禁果之后，有了分辨善恶的能力。他们未经思考的举动让他们开始思考，这让他们后知后觉地意识到自己行为的愚蠢。而"必死"也唯有在他们意识到这一点时才成为事实。智慧的获取是一种罪过，随之而来的是致命的悲痛。天堂永远不会再回到人间。我们徒劳无功想要重建和谐的努力让人生变成一场彼俄提亚式闹剧。

(图18)《厄庇墨透斯与潘多拉打开了盒子》，约翰·斐拉克曼。

另外，我们的文化无非是我们徒劳无功寻找天堂而努力的结果。而且，缺憾为尘世生活增添了额外的魅力：就像人们常说的那样，幸福在于欲望，而不在于欲望的满足……这一条确实管用，但必须神不知鬼不觉。

但丁的地狱之门象征了这一逆转。在门楣上，用深色的字母写着："跨入此门的人，放弃一切希望。"这句话应当被当作一个谜语来理解：一个没有希望的世界，便是地狱。门立在森林之中，孤零零的，就像凯旋门一样，不通往任何新的空间。孤零零的门象征了希望与恐惧间的转换。恐惧将人带往地狱；我们死于恐慌。地狱之门的另一边应该写着："希望让人生存。"希望给人以前景，为我们平淡的彼俄提亚式举动造成一种深奥的假象。

(图19) 罗丹，《地狱之门》，乌得勒支，1939。

该手法在《地狱之门》中也有所诠释。《地狱之门》是罗丹以青铜浇铸的一扇巨大的门。该作品原计划被作为巴黎装饰艺术馆的入口。在门楣中心，《思想者》（也被称为《诗人》或《维吉尔》）以若有所思的神情注视着地狱里的苦难。我们从中或许可以看到作为纯艺术公开拥护者的罗丹具有讽刺性的宣言：穿过地狱之门，你们将进入装饰艺术博物馆，请放弃一切希望。但是这一指责以青铜浇铸之门的形式呈现，使其成为一种实用艺术。可笑之处在于，地狱并非在门后，而是呈现在门上。地狱凝聚在门中；博物馆也没有建成。

终极错觉影像

> 心灵是一个自由的国度，自我在其中可以化地狱为天堂，化天堂为地狱。
>
> 弥尔顿

各式各样的凯旋门貌似可以再现辉煌的军事历史，但实际上，这些不合常理的纪念性建筑试图用回溯的方式将战争的创伤性与恐怖安置在一个合乎常理的背景当中；巴黎的凯旋门就是一个典型的例子。一战老兵们认为，这块巨大的石头代表了法国精神。但是如果我们用"发现蠢事的眼睛"去观察，就会发现其中除了肤浅的譬喻之外别无他物。扮成罗马人的拿破仑，写着士兵姓名的灰色坟墓，向一些曾经发生过战役的名不见经传的诸如乌尔姆、奥斯特利茨和耶拿一类的小地方的致敬，一名脸色苍白的无名士兵和永不熄灭的小火苗。凯旋门傻大个般地矗立在周围川流不息而漠然的车流中间。这扇门框住着它自己的空洞。它所纪念的是所有旨在增强国家凝聚力的做法的荒谬。

在"发现蠢事的眼睛"的审视下,凯旋门体现出人类以幻想来鼓励自己的能力。失之毫厘,谬以千里。根据看事情角度的不同,凯旋门既可以象征着希望的落空,也可以是一扇光荣之门,它将自负发扬光大,而这种自负对于维系希望而言不可或缺。

这一点在稍远处的新凯旋门中也得到了印证。这座凯旋门上的不是令人匪夷所思的关于过往光辉岁月的静止画面,而是反射在通体玻璃幕墙中的生机勃勃的现在。这是幻想的终极版本:在一边,我们看到的是存在的虚无,而在另一边,我们却从中看到,世界本身就是自己的凯旋。

鬼屋

但丁马上就要在维吉尔的陪伴下走进地狱了。在看到门上的警句**"放弃一切希望"**后,维吉尔给了但丁这样一个建议:**"放弃一切恐惧。"** 归根结底,失去任何希望的人生是地狱,但没有了恐惧,地狱就变成一场民间游乐会。但丁是观赏灾难的游客,他的观光有那么一点变态。并不是说他把快乐建立在别人的痛苦之上。德尔图良认为,地狱中罪人饱受折磨的场景是对善人的补偿。但丁不这么认为。但丁感受不到这种带有恶意的快感。他也不认同托马斯·阿奎那的看法。后者对地狱的存在感到欣慰,认为"若公正,罚即爱",这句话曾被用来解释在地狱之门上另外一句晦涩难懂的铭文:

神灵的威力、最高的智慧和无上的慈爱，
这三位一体把我塑造出来。

但丁真心因受罚之人的苦而苦。他因眼前的一切而流泪哭泣，却不能移开双眼。从某种角度上讲，他所享受的并不只是高兴那么简单。他的快感建立在不快感之上。他为此着迷，并不是因为地狱如此具有异国情调，而恰恰是因为地狱悄然令他回忆起痴愚——他所在的文明社会的神秘根基。惩罚反映了为生存而奋斗所带来的折磨。不幸让他看到自己安于现状的不稳定，这种反差令他获得一种安全感。

地狱不是一个和谐社会内部的痛苦之城，恰恰相反。文明是一种幻觉，是真实地狱中的虚拟乐园。地狱并不存在，地狱与周遭的人类苦难之间并无任何区别，如果揭露这一点，可能会终结这甜蜜而苦涩的恐惧，令人陷入惊愕。

这同样也可以被用来解读门上方的另外一句铭文：对地狱的虚构是与日常生活和解的一种方式，也因此成为智慧和大爱的表现。

另外，这也让我们明白了，为什么《地狱篇》是但丁《神曲》中最受欢迎的一部分。就像当初但丁在作家的带领下一样，读者在但丁的指引下游览着地狱。维吉尔生机勃勃地走进地狱……

辨识天赋

在地狱之门的另一边，但丁遇到一些丧失**辨识天赋**之人。从宗教层面上讲，是指看见上帝的天赋；从哲学（亚里士多德派）角度而言，即感知真的直觉。

在天堂里，智慧并不是必要的，因为一切活动实际上都是纯洁无邪的。但是在天堂外，智慧则必不可少：**理智**，令我们对世界的看法协调一致，将一切事物的终极目标都设定为**至善**。

在地狱中，我们可以看到那些主动放弃这一天赋并因此饱受折磨的受罚之人。这一点也可以用另外一种方式来解读：对于那些失去理智之人，生活将变成地狱。

除了这些浪费掉自己神圣天赋而主动选择恶的罪大恶极之人外，还有那些因放弃选择而亵渎自己智慧的罪人。他们就是但丁在穿过地狱之门后最先见到的痴愚之众。

(图 20)《但丁》，多梅尼科·迪米凯利诺。**画的左侧：地狱之门及不温不火之人。**

候判所

但丁在维吉尔的伴随下走进地狱,在离阿刻戎河和灵薄狱尚远的位置,在那没有星星的天空下面阴暗的平原上,是浩大而迷惘的人群。他们跟在一面在风中飘扬的旗帜后面,身后跟着牛虻和胡蜂。无病呻吟的灵魂们的聒噪之声如同沙尘暴般翻滚汹涌。

他们是无名之辈,他们无足轻重,无功无过,甚至不配拥有一个名字。不温不火之人、没有信仰之人、袖手旁观之人,他们罪在放弃选择,甚至罪不在不选择。他们非善非恶。在他们中间,我们发现了一群堕落天使,他们既不违抗也不忠于上帝,他们待在自己的角落里,只想着自己。

没有星星的夜空代表着迷失。风中飘扬的旗帜象征着犹豫不决之人踟蹰的灵魂。沙尘暴暗示他们的贫瘠、无用与数量之多。牛虻与胡蜂象征了他们活动的一无是处。

这些可悲可怜之人,"这些从未活过的人",被天堂所拒绝,也被地狱所驱逐。他们落到善恶界限之外。他们异于常人。他们的怪诞,不在于他们的独特,而恰恰在于他们那惊世骇俗的平庸。他们既不配拥有名字,也不配拥有一个位置。就连罪人与他们相较也不禁感到幸福。

行尸走肉注定在尘世与世外的中间地带流浪。他们漫无目的的生活如此不堪,以至于他们甚至艳羡那些在地狱中饱受折磨的人。后者至少有属于自己的位置与惩罚,知道等待自己的是什么。"我不知道"令这些不温不火之人的恐慌与日俱增;这是对那些从来就未曾尝试去知道些什么的人最好的惩罚。基督教徒认为，这是带来世间所有痛，然而，通过为"行尸走肉"预留一个位置，但丁与希腊人的观点不谋而合。后者认为，恶源自痴愚与无知。

维吉尔催促但丁继续前行。观察这些蠢人已经算是太抬举他们了。"世界不允许我们记得他们。"

耻辱

> 那些已经亲眼目睹
> 跨进了死亡这另一个国度时
> 只要记得我们——不是
> 丢魂丢魄的野人，而只是
> 空心人
> 填塞起来的人。
>
> T. S. 艾略特，《空心人》，1925

造物的耻辱，并非罪人，而是那些"行尸走肉"。他们"罪"（无名之罪）在愚蠢，罪在"头脑简单"，罪在他们作为愚蠢之人的被动的"意愿"。是一些得过且过的空心人。想想那些随大流之人，犹豫不决的选民和沉默的大多数，那不假思索地盲从白日梦的乌合之众，那墙头草般的机会主义者，那些毫无主见、麻木、懦弱之人和那些凡事谨小慎微亦步亦趋紧跟大众之人。他们不配拥有自己的名字，这也是为什么**无人之境**才是他们的目的地。

但是，他们之所以注定被遗忘，是因为他们身上体现了造物的痴愚。恰恰是大众的这一愚蠢行为最终决定了究竟什么被视为善与恶。蠢人揭露了秩序不为人知的真相，例如公山羊与母山羊的比例是随机偶然的，它并非建立在有意识的选择之上，而是建立在对规则无奈的服从之上。

由于意识到这一点对于信念以及建立在信念之上的体系而言都将是致命的，我们因而将整件事颠倒过来：我们假装好像是因为蠢人放弃选择，因而秩序受到了干扰。通过这种方式，秩序愚蠢的一面反而成为一种具有辅助性的兴奋剂，一种供我们随意选择，思考和使用的道德上的支撑。我们通过对蠢人群起而攻之而令自己的选择具有意义。与平庸的懦夫相比，甚至连罪人都有了一丝英雄的意味。就这样，造物的痴愚变成本源行为的试金石，无论道德与否。

路西法之叉构成了地狱之核心，而浩浩荡荡的蠢人则是整个造物的核心。行尸走肉之所以如此令人为之着迷是因为他们提醒了我们秩序中隐含的彼俄提亚式地狱——空洞无物。也无怪乎维吉尔为此担心并让我们不要留意了。

蠢人的天堂

> 既不知道，也不明白，
> 他们在黑暗中前行，
> 整个大地都在颤抖
>
> 《耶路撒冷圣经》第八十二篇

在穿过混沌前往伊甸园的路上，撒旦来到刚刚被创造出来的宇宙第一层。创造这里的目的是为了让他思考未来的使命：创造原罪。他的脚下是包含着所有星辰的昏暗天体——原动天。凝视着这片"风起云涌的浩瀚星海"，撒旦对未来形成了一种杰出的看法：他看见一大群人，其中有漂浮在圣物、赦罪令与念珠之中的僧人与教士；尘世间寻找上帝的隐士与朝圣者；巴别塔的缔造者们；为获得永生而兴高采烈地投向埃特纳火山的恩培多克勒；和为了体味柏拉图笔下的爱丽舍而投海的克罗门布罗塔斯。

只有那些天真的人才会在尘世间努力争取一个天堂的位置。根据自己行径的无用程度，他们将得到奖励。他们如泡沫般离开尘世，穿过七重天，穿过恒星，穿过这片晶莹剔透的空间和这片最早开始运动的天空。

穿透苍穹的一缕微弱光线维系着他们获得永福的希望；但当他们踏上通往天堂的阶梯时，一阵狂风袭来，他们被吹向浩瀚无际的天边，那里后来被叫作**蠢人的天堂**。

由于他们的行径体现出的与其说是恶毒，不如说是虚荣和幼稚的抱负，因此，他们没有被打入地狱，而是被流放到天际边缘的一块地方，那里历来都是头脑简单之人的归属。人们姑且称之为天堂；这些蠢人意识不到自己的存在是"虚无缥缈"的，还幻想着自己正在前往天国的路上。

这个令人称奇的故事取自弥尔顿的《失乐园》（第三卷，418—496行）。对天主教徒的批评，对时代的称颂，怪诞的风格，未完成的特点以及在整体十分严肃的作品中明显孤立的这段讽刺，令其与严谨和谐的史诗如此格格不入，以至于有些文学评论家认为出自他人之手。

弥尔顿作品上的这个"污点"究竟意义何在呢？

痴愚之天花板

1638年在意大利旅行时,弥尔顿发现了有关升天主题的天花板。在巴别利尼宫,彼得罗·达·科尔托纳完成了画作。作品表现的是上帝赐予乌尔班八世及其全家不朽的声望与永生的场面。

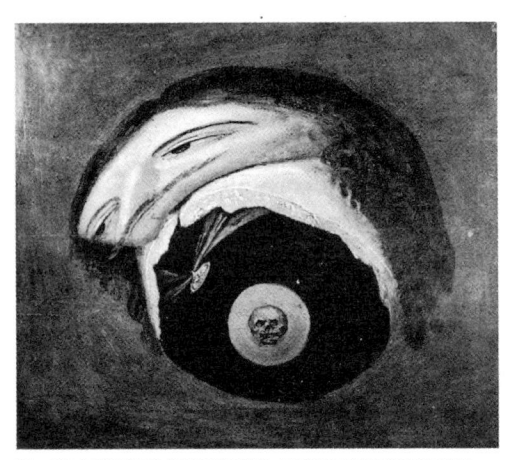

91 ANAMORPHOSE CYLINDRIQUE : PORTRAIT DE CHARLES Iᵉʳ.
(图21)《查理一世的变形》,英国学院,1660。

在英国,他看到鲁本斯的《雅克一世与斯图亚特王朝的胜利》。那时,查理一世刚刚被推上断头台,鲁本斯作为新任国务卿秘书,在白厅拥有一间工作室……

在一幅名为《自下往上看》的画作中,我们看到教会和国家的最高统治者被天使带上天堂,周围环绕的是象征了他们在尘世间权力的符号和象征着他们美德的画像:虔诚、公正与良好的治理。在一旁被象征智慧的密涅瓦所驱逐的巨人则象征着异端邪说者。

最为重要的是画家在表现升天的权贵时所采用的自欺欺人的手法。这种化圆为方的艺术不仅将升天在视觉上表现了出来，而且也让这一形而上的事件变得真实可信。观众的目光被无限延伸空间的视觉效果所吸引。眼见为实。我们遗忘了天花板的存在，尽管天花板是这一无限延伸假象的存在基础。"惊愕"的美学把我们从尘世间的束缚与局限中解放出来，让我们对天国真福产生憧憬。

通常，我们从地面固定的一个点向上望，画作会呈现出深度与广度。但是，一旦我们离开这个预先设定的点，作品就会呈现出令人意想不到的景象；所有的垂直线都仿佛变成了水平线。一些类似于"上下颠倒"或"前后颠倒"的词失去了意义。不仅原本许诺的秩序看上去好像崩塌了，眩晕甚至让人对这个角度之外世界的基础产生怀疑。我们以失去平衡作为威胁；我们的惊慌失措因此让我们提前看到了最后的审判。

这一观点的拥护者们——通常都是耶稣会士——认为可以利用这个方法来教训那些拒绝采取正确宗教姿态的人。中心点同时也形而上地象征着统治者的专制统治和教皇的无比正确。

作为共和主义者和清教徒，弥尔顿摒弃这些观点。他往旁边跨出一步并因此揭露了假象所围绕的轴心的愚蠢性。"愚蠢"是因为，在这里，痴愚唯有在置身秩序之外时才能得到体现：中心点的智慧具有回溯性地来自于建立在该点之上的体系。弥尔顿从这些迷惑力十足的诡辩中解脱了出来。他的斜视令这些单腿蹦跶的野心家们幻想破灭。

和谐变成了闹剧。升天的人物们一头栽了下来，就好像：

(图22)密涅瓦驱赶巨人。《雅克一世与斯图亚特王朝的胜利》细节图,彼得罗·达·科尔托纳,1638。

突如其来的一阵狂风
从两侧袭来,将他们
吹向九霄云外的天际

从这个角度来看,绘有升天图的天花板呈现了蠢人的天堂。绘画使他们的堕落永垂不朽。

痴愚的意愿

盲人弥尔顿运用了惊愕这一技术,描绘出一幅有关痴愚的草图。从正确的角度来看,《失乐园》第三卷中表面上十分古怪的那一段（自由意志与灵魂归宿预定论是本段的核心内容）宛如绘有升天图的天花板所运用的错觉影像，是自我提升的最好象征：原罪——撒旦因原罪而被逐出天庭，亚当与夏娃因原罪而被逐出天堂。

弥尔顿不认为人可以通过自己的努力在另一个世界为自己谋得一个位置。他认为，这应当是上帝的恩赐。通过在自己的作品中对蠢事的描绘，诗人提醒人们，人类的知识是有限的，并指出，我们的活动与建树是靠不住的，它们在一个不确定的空间里虚无缥缈地存在着，这其中也包括他具有前瞻性的史诗本身。

智慧的胜利建立在痴愚之上，而后者唯有在不为人知时才会起作用。**存在即不被感知**。痴愚藏身于所有以智慧为奋斗目标的体系中。如果我们不想粉身碎骨，就必须面对它装疯卖傻。

弥尔顿没有这种痴愚的意愿。

附记：一只蚊子的升天记

在泛着玫瑰红光的东方，晨曦推开他玫瑰大厅的绯红色大门。在启明星的催促下，群星纷纷退隐，随后法厄同驾驶着光芒万丈的太阳车冲向了天顶。我辉煌的日子终于来临。代表偶像崇拜和无知的巨人们坠入黑暗之中，诽谤之蛇紧随其后。与此同时，我在七位天使的簇拥下升上天空。五湖四海风姿绰约。撒哈拉沙漠以南的非洲坐在他的鳄鱼之上，手上拿着一根象牙，饰有五彩羽毛的美洲骑在他的美洲豹上，坐在骆驼上的亚洲身边是数不尽的水果与珍珠，而头戴花冠的欧洲骑在马上，将装满花果的丰收之角向我倾倒。强有力的翅膀将我抬向无穷尽的高空。微风轻抚芦笛、竖琴与铙钹的声音指引我上升并穿过镶着金边的云彩。

小天使簇拥着我，将我的权杖与金冠摆到一个鲜红色的坐垫上。

克洛诺斯为我杰出祖先的无瑕徽章揭幕。战神玛尔斯为我递上桂冠，阿剌克涅与七种自由艺术向我致敬，信息女神用号角传播我的声望。

（图 23）安德烈·波佐，《圣依纳爵升入天堂》，1694。

我刚要瞻仰上帝的尊容，就一眼扫到了你。噢！愤怒插上翅膀，报复之心骤起；在我龙床轻盈的帷幔那阴郁的褶皱所组成的迷宫里，你竟然独辟蹊径而入，惊醒我那高傲的美梦。为了感谢你的好意，我摸着黑，循着你那单调的歌声而去。让我重新脚踏尘世泥土的你，我要让你升天。上帝降福于你，**沼泽中的小虫子**，你吸饱了我高贵的血，现在正趴在我的床顶上休息。让我的丝制拖鞋带你去见你的造物主吧。永别了。（洛伦佐·莫拉雷斯，《痴愚学》，莱佩，1692，由维威尔译自西班牙语）

(图24)《非洲》，《圣依纳爵升入天堂》细节图。运用了变形影像法的天花板。摘自《变形影像》，阿姆斯特丹，1975。

第六章　笨蛋的家谱

1585年的西班牙，被同时代人公认的数学家胡安·佩雷斯·德·莫雅在一部名为《异教的秘密哲学》的著作中尝试对基督教道德背景中的古典神话人物故事进行解读。第二部分第四十二章（夹在描写生殖之神普里阿普斯与嘲讽之神摩墨斯的章节之间）脱颖而出，因为这是唯一没有讲述神及半神成功与挫折的章节。如题所示，这一章集中描写了笨蛋的命运："**蠢人之罪**"。我将全文译文转载如下，随后再对其展开讨论。

笨蛋的起源

从前，浪费掉的时间与无知结婚，他们生了一个儿子，名叫我以为，我以为和青春结婚，他们的孩子是：我以前不知道，我以前不这么以为，我什么都没看出来，谁当时会想到。谁当时会想到和漫不经心结婚，生下这已经不错了，明天再说，我们有时间，有可能的话。我们有时间和贵妇我以前不这么以为结婚，他们的孩子是：我死后哪管它洪水滔天，我自己明白，休想，别担心，我来负责。我自己明白和虚荣结婚；他们的孩子是：不管你愿不愿意，有志者事竟成，我肯定可以，我们还没破产呢。我们还没破产呢和我肯定可以结婚；他们的孩子是：我们自娱自乐和不幸。不幸和没头脑结婚，他们的孩子是这真是太好了，又能怎样，我觉得，不可能，别再跟我多说了，人只能死一次，有志者事竟成，以后再说，你看着吧，站着说话不腰疼，就算杀了我我也要，他们说了也白说，不惜一切代价，关我什么事，没人会饿死，祸兮福所倚。我肯定可以成了鳏夫，二婚娶了蠢事；他们挥霍了全部财产，然后一个对另一个说：别着急，今年我们借点钱消遣，等到明年，上帝会帮我们把钱还上的。在我们还没破产呢的建议下，他们这么做了；由于到了还钱的时候他们没钱，错觉把他们投入了大牢；谢天谢地来探监。贫穷最后把他们送进医院，我肯定可以和我什么都没发现最后在那里死去。人们把他们和他们的曾祖母蠢事埋葬在一起；他们身后留下的子孙满天下。

这个故事告诉了我们那些漫不经心、懦弱、冒失、不听取别人意见、异想天开、得过且过、不考虑未来、不计后果者的下场。

权宜之计的力量

在中世纪时期，非常流行用妇女来表现诸如美、善、诽谤或贪婪一类的特征，她们往往被安置在一些代表上述美德或缺点的物品中间。就这样，痴愚化身为一个面带笑容的妇女头戴铅帽（**反应迟钝**），手上拿着一个小磨，意为"思想僵化行为愚蠢"。

在寓言作品中，常常可以看到此类抽象概念之间的相互关联与指向。

例如普鲁登修斯的《心灵的冲突》，美德与缺点在其中进行公开的较量。在巴尔塔沙·葛拉西安的《批评家》（1651）中，痴愚与错觉以姐妹的形式出场，她们俩是谎言的女儿，无知的孙女。

在莫雅的作品中，我们可以看到几种比较经典的罪，例如傲慢、无知和愚蠢。除去此类大罪之外，我们还发现，一些普通的名词加上一个形容词，就有了一层贬义，例如浪费掉的时间和头脑简单。但是，这篇文章中最奇特也最令人吃惊之处在于，人们第一次开始关注权宜之计、陈词滥调、借口托词，总之就是那些具有欺骗伪装作用的词组。作者在他的痴愚家谱中试图对这个独特语言分支的复杂结构加以分析。

文字化身为血肉之躯

我们可以将这份家谱分成三个级别。首先，是文本的重组。权宜之计从原来的语境中脱离出来，进入新的语境。通过语境的转换，同一个词组脱胎换骨，有了新的含义。通过这种手法可以造出许多巧妙的句子，例如："我知道我在说什么说：'我知道我在说什么。'"但作者没有加以运用。句子以主人公的形式出现这件事本身即已产生一种令人头晕目眩的效果。

同样，家谱寓言中词组之间的逻辑关系也被重建。其中因果关系远比乍看之下去要复杂得多。

结果是，在道德范畴中，权宜之计成为一种面目可憎的精神状态的代名词。固定词组以拟人的手法表现了漫不经心这一愚蠢行为的不同侧面。

令人吃惊的是，尽管作者将权宜之计从原本的语境中脱离了出来，却并未从根本上触及它们。句子总体上生硬，绝对。词组也在新的语境中变身为人物角色，但寓言保留了其自身原有特征。即便被孤立出来，权宜之计本身也足以体现出受人唾弃的精神状态。借口托词一直以来都在自己的小角落过着小日子。它们的出现一般同时表示着谈话的开始与结束。它们是毋庸置疑的，逃避着谈话，不留任何质疑或反驳的机会，对别人置若罔闻且自欺欺人。

不断重复的乱伦行为将它们自以为是的特点进一步凸显出来。它们之间的近亲血缘关系令退化现象越来越严重。但是权宜之计的不育对智力发展毫无益处，蠢事一件接一件，青出于蓝而胜于蓝。繁殖令痴愚健步如飞，在世界各地形成蠢人聚居地。

借口的胜利

通过权宜之计，我们到底分析的是怎样的精神状态呢？这里无关那些明确的、英雄般的、对道德与秩序具有挑衅性的主罪，而是那些偷偷摸摸的、普通的、深藏不露的罪。权宜之计背后隐藏了一种阴险狡诈的态度。重要的不是偶尔出现的十恶不赦之罪，而是结构性的漫不经心与放任自流，是心安理得的自欺欺人却还浑然不觉。

当然,这些小罪的源头在于具有普遍性的主罪,如懒惰、浪费与傲慢,但它们的力量恰恰就在于其表现形式的变幻无穷。

道德的千里之堤就毁于这些小罪的日积月累。

文章的震撼之处在于它呈现出了这一致命的连锁效应。它并非英勇壮烈而富有戏剧性的轰动性事件编年史,而是日常行为的简单概括:结婚,生子。累积效应让我们的颧骨周围肌肉痉挛。事件无休止的重复,再加上婚姻行政用语的腔调,令其甚至有了一丝《圣经》的意味。

借口之所以胜利,起决定性作用的并非懒惰或者傲慢,而是繁殖的冲动(一种循规蹈矩的淫乱)。权宜之计可以完成英雄和神灵们绞尽脑汁才能完成的事。日积月累,它们逐渐征服世界。愚蠢披上权宜之计的外衣成功地让自己主宰了世界与存在。这些普通的日常举动却致命般的有效。它们神秘的力量并非源自其质量,而在于其数量。痴愚加人类的一夫一妻制远比绝顶狡猾加淫乱更强大。

堕落腐化的权宜之计终于在神话中找到了属于自己的位置。这个特殊阶层的决定性作用终于获得了认可。

在结尾处,作者在我肯定可以的结局上稍微多费了些笔墨。在他第一任妻子(也是他的妹妹)我们还没破产英年早逝之后,他娶了蠢事。**贪吃**将为他们带来致命的后果。作者在这里是不是少交代了什么?我肯定可以好像突然和一个远房祖母我什么都没有发现结婚了,而他的第二任妻子蠢事则貌似是他的曾祖母。而且我们还没破产呢是怎样突然复活过来为小夫妻俩的投资出谋划策的呢?

但更为重要的是巴洛克风格关键人物的突然出现：错觉从幕后出现为他们盖棺定论。**错觉**的死对头是**清醒**。决定道德风气的往往是这两者的结合。然而，在权宜之计的舞台上，唯有错觉在只手遮天。浪费掉的时间和无知盲目地缔结了婚约。婚姻没有带来知识与思考，相反却导致了智力上的放任与懒惰、缺陷、含混不清、困惑犹豫，导致了权宜之计的诞生。

最后一幕中所上演的不过是一套惯用的保留节目，道德仍然可以露一下脸，表示狭隘的思想与漫不经心最终必然会导致衰败与堕落。尽管如此，仍然无法掩饰道德与思考的无力。我肯定可以的死意味着家谱的终结，并不是因为蠢事陪着他一起进入了坟墓，而是因为已经不需要对其主干永无止境的快速分支再多做任何演示了。道德已经完全丧失了对存在的影响力，并且面临着被蠢事的后代所侵占的危险。

全民时刻

继莫雅之后，弗朗西斯科·德·克维多也创作出一部笨蛋家谱。不久之后，他又重提陈词滥调这一主题，创作了《全民时刻和理性的福尔图娜》（1635）。在这部宏伟的寓言作品中，命运女神福尔图娜的题材被用来诠释危机中世界的不稳定性。

朱庇特召集众神以声讨福尔图娜。瞎子福尔图娜拄着盲杖，带着导盲犬到来。她以球代步，就像轮轴一样，她被无数纱线、绳索和丝带所缠绕着，随着她的每一个动作，这些线绳一会儿缠成一团，一会儿又梳理开来。跟在她身后的，是机缘女神。她长着一张滑稽可笑的脸，秃顶（"捕捉云雀的迷惑镜"）。唯一一缕刘海油腻无比地挂在前额上；当她到来时人们必须有所准备。她一旦经过，那油腻的脑门根本令人无处下手。

朱庇特的控诉：福尔图娜的愚蠢已经让人类不再惧怕众神，并且令他们认为天堂是空无一物的。之所以指责她，并非因为她的盲目，而是因为她的不公。她奖赏恶人却将善人推向灾难的深渊。

福尔图娜说这并不是她的错；她盲目地将馈赠不加区分地撒向人间。机缘女神补充道，抓住机会是人类自己的事。如果有些人混得不好，应当归咎于他们的漫不经心。但人们却用一些陈词滥调来掩饰他们的懒惰以及智力上的沦丧：

"痴愚在人间散布了以下这些可怕的词组：

"谁会想到呢；我绝对想不到；我没发现；我当时不知道；这样已经不错了；没关系；无所谓的；明天又是新的一天；我们有得是时间；以后有机会的；我知道自己想要什么；没那么笨；别这么做；这又不能把我怎样；不如一笑而过；不能什么都信；不惜一切代价；不可能的；各有所好；但愿上帝保佑；慢慢来，别着急；塞翁失马，焉知非福；够了就是够了；关你什么事；我认为；不就行了；不可能；别说了；我受不了了；时间久了你就知道了；地球还是一样在转；人只能死一次；你以为；千真万确；我想说什么就说什么；我们都在同一条船上；我自己的事我自己知道；这是我的事；以后再说；说是这么说。还有'但是'和'可能'。这些固执的人最爱的一句话就是：'听天由命吧。'

"这些愚蠢的词组使人变得傲慢，懒惰，粗心大意。这些人就是我所履之薄冰，是他们让我的主人的车轮转动，是他们让她的圆球飞速旋转。但是，当这些白痴让我溜走时，你们怎么能为此责备我呢?"

朱庇特决定做一个实验。6月20日,下午四点,在一个小时的时间里,人们将因功领赏。福尔图娜放开她的轮子。轮子在全世界到处乱转,把人间万事搞得一团糟。

(图25)《机缘女神与忏悔女神》,曼特尼亚学院壁画,约1500。在这个版本中,机缘女神站在一个圆球上,一只脚上长着翅膀,眼睛被刘海遮挡。忏悔站在她身后。真知站在一个坚实的底座上,保护我们不受福尔图娜的诱惑。

进攻发起时刻

时间一到,医生变身为屠夫。一名罪犯取代了看守的位置。药店被垃圾塞满,而装满药丸的罐子则全部进了垃圾箱。清洁工手持扫帚和簸箕前来帮忙，把化了妆染了发长着梅毒鼻的女人塞进垃圾箱。

一个小偷把所有的钱用来建造一座豪华的房子用来出租。他看着砖头一块接一块地飞走。门、窗、栅栏纷纷去找原来的合法主人。墙面上的纹章全速飞回原来的城堡，可怜的小偷曾谎称那是自己的家族起源。唯一留在原地的就是那块小得可怜的牌子"出租房间"，现在牌子上写的是："出租小偷，无人居住，无须敲门，房子不再是障碍。"

陈词滥调们也回来了。在第七章，法官们在用一些毫无意义的诸如"听天由命"或"上帝自有论断"之类的陈词滥调来掩饰自己的无能。在钟声敲响之后，法官们开始审判自己。他们的长袍变成蛇皮，然后扭打成一团。

在第十六章，轮到强盗们试图互相兜售自己的空头支票、假钻石和偷来的银器。为了骗到别人，他们使用类似下面的句子："我把猫叫猫，直言不讳。""人总归是人。""我父母教育我。"对方则回答道："是就是不是就不是。""这就是我。""重要的是你肚子里装的是什么。"对于他们也一样，钟声敲响了。突然间，这些无赖们彼此相信了对方的话！一个人用假首饰兑换了另一个人的空头支票，有的则用假宝石换来偷来的银器。当他们试图变卖换来的东西时，通通因诈骗被捕。

朱庇特之举

按功领赏的这一个小时把整个世界搞得天翻地覆。相反，这并不意味着公正取得了胜利。那些曾经的穷苦而谦卑之人一有了钱马上就感觉自己被魔鬼附身。那些以前富有的显赫之人瞬间变得穷苦而谦卑。富有的善人和邪恶的穷人好像根本不存在。

在实验结束以后，朱庇特总结道，人是如此的软弱，以至于那些因自己选择而作恶的人停止作恶是因为无法继续作恶。他们并非出于忏悔，而是由于无能。指责福尔图娜利用恶人损善人是毫无道理的。福尔图娜并不向坏人微笑：人在福尔图娜向他微笑时变坏。相反，漫不经心令人们变得虔诚恭顺。是环境让人成为受害者或者屠夫，成为骗子或是上当受骗之人。好人只是那些没有机会成为坏人的人。

朱庇特并未因此绝望。以福尔图娜为象征的世界的不稳定性也是天意的体现。需要人自己运用自由意志通过思考来从上帝给出的考验中获益。命运既非无法避免的宿命，也非令人无奈的绝对偶然。自助者天助。智者是那些既懂得耐心忍受命运的挫折，又懂得理性看待好运的人。相反，那些总是试图用借口和托词来为自己开脱责任的蠢人最终必然成为福尔图娜脚下的玩物（圆球）。

不过，当朱庇特决定让人们按功领赏时，并没有想过要惩罚恶人。恰恰相反，在最后关头，朱庇特放弃了所有的惩罚，决定保持现状。世界又重新由福尔图娜摆布："让福尔图娜继续像原来一样乘着她的球与轮前行。让她给智者以获得褒奖的机会，给小丑以受到惩罚的可能；我们那永远正确的神意与至高无上的权力保证每个人都能得到福尔图娜预留给他的；恩惠与薄待本身并无好坏，因为当我们懂得如何走出逆境，藐视恩惠时，我们会发现两者均有裨益。接受这一切却没有好好加以利用的人，只能怪自己，而不能归咎于福尔图娜，因为后者在给予时是一视同仁且毫无恶意的。"

这时，五点的钟声敲响了，一切又恢复了原样。

矛盾统一

> 从前思维
> 在远方游荡
> 然后溜进针眼，仿佛骆驼
> 它到哪个国度？
> 回到地上——它的家。
>
> 马丁努斯·奈霍夫，《进攻发起时刻》

该悖论是巴洛克的典型特点：富裕带来舒适，也带来焦虑；贫穷是痛苦的源泉，但也是平和与安详的源泉。但是克维多并未止步于此。除富有/贫穷，善/恶或生/死之间的简单对立之外，他还提出存在的内在矛盾。在《全民时刻》中，所谓必然世界的矛盾性被揭示出来。在万物凡事中都存在着它自己的对立面，在削弱它的同时又对其有所启发：我们的敌人是我们真正的朋友，疾病是对健康有益的考验，死亡可以让人通往真正的生命。我们在他对矛盾统一的这一辩护中，看到了禁欲主义者与基督教徒的影子。无论发生什么，唯有在不幸中才能找到幸福的有利条件。

这一关于存在的辩证观点在作品的结构中也可以看到。每一幕都由两个完全对立的部分构成，分别用来表现关键时刻到来之前与之后。这一构思在悖论文体中也得到了体现。克维多把玩着那些妨碍人类思考的固定词组，让它们自相矛盾；他将语言中无法搭配的词语拼凑在一起，玩起文字游戏，驾轻就熟。他因此让读者意识到这些掩饰了世界的矛盾性的陈词滥调是多么的具有欺骗性。以间接的方式，通过修辞的手腕，克维多告诉我们，人类拥有为自己的矛盾存在赋予意义的自由。

第七章　君主立宪制必要的愚蠢（现代王子宝鉴）

谨献给 W. A. 范 B

青蛙请立国王

在自己的池塘中享受自由的青蛙要求朱庇特给它们一个国王，以便结束世风日下的现况。天父笑着把一根木桩扔进池塘。激动过后平静下来的青蛙们靠近木棍仔细打量，接着就开始对木桩不屑一顾。然后它们向朱庇特要求一个真正的国王，朱庇特应他们的要求，扔了一条水蛇进池塘。水蛇把青蛙一只一只全部吃掉了。

从这个故事里可以看到我们社会的两个极端：民主能导致无政府主义，而君主制则会导致专制。伊索的这则寓言说明在君主制下能够实现民主，前提是君主得是块木头。

(图 26)《青蛙请立国王》,十五世纪版画,无名氏,那不勒斯。

(图 27)《青蛙请立国王》,古斯塔夫·多雷。

痴愚，文明的根基

第一种痴愚

痴愚是一切的开端。自然被一种作为文化之基的愚蠢吓得目瞪口呆：人类身上有一种具有毁灭性的痴愚。花开花谢的自然周期，原本受本能的驱使，如今却被一种奇怪的对自由的渴望所打破。这种渴望既不属于自然，因为其冒失轻率；也不属于文化，因其难以遏制。在《论教育学》中，康德把这种独特的痴愚称作**野蛮**，它藏身于自然与文化之间的某个荒凉的地方。

（图28）艾尔哈特·肖恩，《野蛮人的刨刀》，1533。

"人类生来［……］对自由就如此渴求，以至于一旦他们习惯了它的存在，就不惜为它牺牲一切。

"痴愚令人置自身与他人于险境，正是这种痴愚将人与动物区分开来：'动物［……］合理地使用它们的力量，也就是说以不会伤害到自己的方式使用它们的力量。'"

而人类由于完全没有本能，就不得不遵守一些法律，借用其约束力来限制自己不加思考的野蛮。

野蛮与粗鄙

康德认为，人的本性不仅野蛮，而且粗鄙，不具备采用适当手段达到既定目标的能力。**粗鄙**，与**野蛮**相比，更接近于他所说的愚蠢："毫无判断力实际上就是人们所说的愚蠢。"与蠢人不同，新生儿必须接受"去粗俗化"教育，这也是**"博学"**一词的由来。

如果说纪律在教育中扮演了反面角色，那么教学法则是其中起积极作用的一面。不过，两者之间的关系密切，因为人恰恰是受其不朽的野蛮的迫使才慢慢变得文明起来的："由于人对自由的渴望，祛除其粗鄙是十分必要的；而对于动物而言，则没有必要，因为动物有自己的本能。［……］出于一种我们不知道的原因，动物凭借本能就足够了。但是人则需要有一个专门的理由。人没有本能。"

野蛮的痴愚是文化的绊脚石，文化本质上就容不下荒谬与愚蠢，并且是这同一种文明的根基。文化其实就是一系列徒劳无功想要制服痴愚的努力的结果。

蝎子与乌龟

我们可以纠正粗鄙，却无法改变野蛮。一则印度《五卷书》中的王子宝鉴就很好地诠释了这一点。一只乌龟和一只蝎子成为好朋友。当乌龟驮起蝎子准备带它过河时，蝎子试图蜇死乌龟。震惊中的乌龟询问蝎子做出这一荒谬举动的原因，它们两个差点儿都因此而送命。蝎子回答道："我控制不了自己。"

注意：这是一则寓言故事。动物并不愚蠢，只有人才会做出有悖常理之事。而这恰恰是最具讽刺性的一点：痴愚不在于思考，而在于无法克制的行为本身。

愚蠢的行为是一种绝对自由的行为，我行我素。蝎子的行为并没有什么具体的原因，而是由于一种无法抵挡的力量驱使着它这样做。文化需要征服的，并不是自然，而是这种具有自我毁灭性的痴愚，它无所不在，阴魂不散。人类需要学着去认识痴愚那令人毛骨悚然的广度与深度，然后研究出一种生活模式，一种与痴愚共存的生活模式。

逆转

自我毁灭行为触犯了自然不成文的法律：让自我生存。痴愚对人类有着致命的威胁。但是要铲除痴愚，人类也就会跟着灭绝，所以我们不得不学会运用计谋。

自我毁灭行为通过标榜自我的无私牺牲是文明的最高准则，摇身一变成为自己的对立面！痴愚因此成为文化的轴心。这一准则本身就是反自然的，因为它是自我毁灭性的：从自然的角度来看，牺牲自己是最极端的痴愚。但是从形式上看，这个准则与自然法则并非完全脱节，因为自相矛盾地，**我们为了自我生存而选择了自我牺牲**。

痴愚借自我牺牲将自己乔装打扮成最高智慧示人。殉道是一种神圣的痴愚。极端变成常规。文明就是这样成为对它自己的歪曲与夸张：痴愚变成文化，荒谬成为第二自然。这也是为什么一些笑话里的主人公差点送命，我们却觉得好笑；我们笑，并不是因为他们反常规而为，而是因为他们的愚蠢是如此接近常规的核心：主动的自我毁灭行为。在这些笑话中，我们发现这些大公无私牺牲自我的主人公身上藏着一个自我毁灭的傻子。自愿奴役背后隐藏的是全民大混战。

人是一颗葡萄

异想天开

一条狗嘴中叼着一根香肠过河，突然在水的倒影里看到另一条狗在叼着一根香肠。为了对得起自己，它把自己的香肠扔掉，去咬另一条狗嘴中的香肠。它自己的香肠和水中对手的香肠一起消失得无影无踪。

与其说痴愚源自于感官缺陷或是推理漏洞，不如说是因为某种形式的异想天开：为了向别人展示我们的价值，我们自己都找不到北了。这种盲目的愚蠢的意愿，让我们丧失了一切分辨力。

对自己的爱与自爱

曼德维尔（鹿特丹，1670，伦敦，1733）在自私中找寻作为我们文化基础的痴愚。

人类一切思想与行动均是或朴素或自觉，以满足欲望为目的的尝试。这些欲望都源于自私。饥、渴和性冲动源自于对自己的爱——一种以自我生存为核心的原始本能。但如何解释自杀呢？自私怎么可能促使人毁灭自己呢？

曼德维尔将**对自己的爱**与一种被他命名为**自爱**的"无名激情"区分开来。对自己的爱响应着自然的号召，它体现出一种现

(图 29)《真相与寓言照亮世界》,克莱芒·皮埃尔·马雷里埃(1740—1808)。"道德需要,为了更好地被接受,/寓言与文采的面具;/赤裸裸的真相不受青睐,/而这是浩瀚宇宙中人们想看的/唯一一个穿着衣服的圣女。"

实感。而自爱则属于一种保持幻想的能力。自爱是某种高度评价自己的形式,给人带来生活的愉悦,即使有时生活并不配拥有这种愉悦。自爱是我们抵御绝望的武器。唯有依靠某些幻想,我们才能够直面残酷的现实。对自己的爱与自爱密不可分。没有自爱，对自己的爱会变成对自己的恨。这也是为什么人会出于对自己的爱而选择自杀，因为他已不再自爱。

但是自爱也有自杀性。它会让我们对自然的召唤充耳不闻。一旦"吃饱肚子"，最基本的需要满足之后，自爱就会促使我们为了满足一种诸如**骄傲**的欲望而轻举妄动，做违背自己利益的事。高估自己的倾向常常伴随着一种不为人知的疑虑。物以类聚，人以群分，目的在于证明自己；但是自爱的过度表现会导致彼此的反感。我们触及了文明的核心：傲慢是傲慢的敌人。自爱以及自爱所引发的彼此较量，阻碍了自爱的满足，并成为社会生活的障碍。自负的人彼此之间所形成的威胁让我们不得不寻求一种技巧。

技巧

没有人能大声宣布自己毫不自负。傲慢无法抑制。所以我们才必须让骄傲以其人之道，还治其人之身。就是为了满足这种骄傲，人类甚至愿意做损害自己利益的事。教养让我们学会以掩饰骄傲的方式获得骄傲。礼仪就因此而诞生。礼仪分寸是一种为获得恭维而作出的牺牲。"傲慢导致恭维，恭维具有策略的衍生品即美德。"恭维导致美德。越是有礼有节，越是备受好评，然后就越感到骄傲；越骄傲，越惭愧，也就越有礼有节，以此类推。看看这巧妙的组合吧。越是掩饰自己的骄傲，骄傲越能够得到满足！**傲慢**——神学家眼中七宗罪之第一罪——在道德观中占核心地位。**骄傲**——自负的自豪，生成一种能量，维系着社会机器的运转。我们通过否定自我肯定了自我。

愚钝

文化围绕着骄傲与羞耻而展开，而恭维则是一种手段，即谎言。我们鼓励伪装。通过假装，傲慢可以自由通行。傲慢如果找不到发泄的渠道，则会引发残酷与嫉妒。礼仪分寸用一些人为的方式取代了傲慢那自然且令人反感的表现，诸如卫生、漂亮衣服、家具、楼房、画、荣誉称号，总之，一切可以让人获得敬重又不招致反感的东西。我们佯称文化的这些形式都有着高尚的理由；而得体的分寸则教我们永远不要怀疑这一点。随着时间的流逝，人们最后就真的相信自己的动机是高尚的了，而"对主宰我们行为的秘密原动力视而不见"。如果我们坚持"冠冕堂皇"足够久，就算背后的动机不够"冠冕堂皇"，我们也能逐渐并自发地变得"冠冕堂皇"。

虚伪

规范既非建立在本性也非建立在理性之上。美德是满足自私的伎俩。在礼仪的伪装下，我们巧妙地绕过了那些阻碍我们满足自爱的障碍物。虚伪与傲慢如影随形。大部分情况下，这是一种无意识的虚伪。即使在最真诚的利他主义背后也隐藏着自私。所有人都在自欺欺人。理性也在无意识中受欲望的驱使：任何想法都是欲望的合理化。最后我们甚至还学着把自私视为一种不好的东西。自爱是社会的核心，而把这一点揭示出来本身就构成了对自爱的伤害，原因就在于此。

凡事看上去毋庸置疑，痴愚却隐藏其中。我们看不见傲慢及其伪装。智慧无法穿越这些屏障：傲慢让明智之人对傲慢也视而不见。

恶之善

狼对于一只羊来说是狼,狼对于一匹狼来说也是狼。但是,普劳图斯认为,人对于人来说,不是人,而是狼……托马斯·霍布斯写道:"人对于人来说是某一种上帝,人对于人来说也是一

(图30)《假面舞会》,利奥波德(1668—1726)。

匹离群的野狼。"(《利维坦》，1642）正是因为人的自爱如此强烈，才会令其对自己和人类构成威胁。

总而言之，人并非亚里士多德所说，是一种政治动物。我们在人身上无法找到与生俱来的归属感。霍布斯认为，人是不可救药的反社会动物。但是，曼德维尔则相对收敛。他认为，人恰恰是因为其自私才变得群居社会化："人的优点与缺点，人的不完美以及缺乏其他生物所拥有的特殊才能，是让人成为群居社会化动物的首要原因。"

简言之，社会之恶是社会之善的原因。我们应当明白一点，"令人成为一种社会群居动物的，并非其陪伴欲、亲切和蔼、同情心或其他外在的亲和力，相反，人最为卑鄙最为可耻的特性，是一个必要条件，恰恰可以使其适应人数最为众多的——以及人们眼中——最为幸福繁荣的社会"。

文化建立在罪之上。曼德维尔有一句名言："**私恶即公利。**"注意：不是所有的私恶都是公利。正相反：所有的"善"都建立在"恶"上。唯有当罪成为侵害公共利益的恶行的时候才应当被惩罚。

曼德维尔对他的时代进行了剖析，以"揭露这些人的荒唐与愚蠢。他们渴望富有与繁荣，对自己可能获得的好处贪得无厌，却总在不停地咕哝抱怨这些恶行与奸诈。自人类诞生至今，它们就如影随形般伴随着那些曾经强大、富有且文明的国家与城邦"。

蜜蜂的寓言

在《蜜蜂的寓言》（1714）里，曼德维尔担负起一项高尚的使命，他"要告诉人们，一个井然有序的社会，构成其健康混合物的原料是多么的龌龊；借此来颂扬政治智慧那无与伦比的力量，它可以化腐朽为神奇"。

更严重的是：过多地强调人性中的善会对整个社会产生一种麻痹效果。如果有一天，所有的恶都被取缔，会发生什么，这就是曼德维尔寓言的寓意所在。

从前有一个非常繁荣的蜂巢。那里的蜜蜂"既不是残酷专制体制下的奴隶，也不受极端民主的束缚"，而是生活在"一些不能滥用权力的统治者的统治之下/因为他们的权力受到法律的限制"。在蜂巢内部，各行各业都受到腐败的侵蚀，"无商不奸"。但是在良好的治理下，每个个体的恶对全民的利益而言都发挥了自己的作用。

> 因此，每个部分虽都被恶充满
> 然而，整个蜂国却是一个乐园。

更有甚者：

> 其共有的罪恶使其壮大昌盛。[……]
> 王国当中那些最为卑鄙之蜂，
> 对公众的共同福祉也有所丰功。

但是所有人都在抱怨奸诈无良与丑行，尤其是那些亲掌大权的富人们。墨丘利不禁嘲笑他们，但朱庇特大怒，决定铲除蜂巢中的腐败。

伪善的面具通通被丢得老远，
下到粗俗的傻瓜上到政治高官；
一些装模作样而声名远扬之人，
本人却突然间好像变成陌生人。

美德突然间沐浴大地。法官、律师、锁匠、狱卒、看守全部失业。收入迅速下滑。每个人都满足于最低标准。奢侈消失得无影无踪，失业上升。建筑市场萧条，经济濒临崩溃。"灵活而多变的时代已经一去不复返，/一切已经不再是以往的样子。"成千上万人死于饥饿。寓意如下：

因此不必抱怨：傻瓜只会竭力
去使一个伟大而诚实的蜂国
享有世上最多的便利，即赢得
战争的荣誉，又要生活得安逸，
不存在重大的恶行；但这不过
是他们头脑里的一个理想国。

曼德维尔写这则寓言并不是奢望事情能够往更好的方向发展。他希望"那些对安逸和舒适极感兴趣之人能够明白。他们收获了一切利益，而这些利益皆为一个伟大、繁荣民族的成果。希望他们能够学会更有耐心地适应那些不堪与龌龊，地球上任何一个政府都无法驱除它们。而他们也应该看到：只享受安逸舒适，而没有不堪与龌龊，是不可能的事"。

(图 31)《世界夫人》。正面的脸代表爱情，但与此同时，她却在欺骗你。无名氏，1700。摘自《颠倒的世界》，阿姆斯特丹，1985。

社会契约的寓言

人在自然状态下只遵守自卫法则。那所有人皆服从一个共同权力的这种文化是如何实现的呢？

社会试图通过社会契约来解释自己的起源。社会契约是建立在自由、平等、博爱基础之上的社会条约：人人自愿服从集体的领导，集体将个人视为整体的一部分。

所有人一起以公民的身份，起草他们所需要的条文，然后作为主体去执行他们所说的他们自己的意愿。每个人的自由与意愿因此都得到了保障：每个人只服从他自己，而整体则保护每个个体不受他人自私所害。

只不过，有一个令人头疼的问题：社会契约假设出自己想要宣布成立的社会，即按照合理秩序规则行动的个体存在。简言之，社会的宣布成立具有循环结构的特点，属于预期理由。这是一个谜。小小的寓言必须掩盖文明源自自私这一秘密："个人利益使人赞同社会契约，当个人利益不再得到保障，社会契约也就不再有效。"

人之初，既非善，也非恶，而是蠢。社会的稳定不是建立在道德感之上，而是建立在对人的自爱的巧妙利用之上。罪恶及其巧妙的计谋——美德之所以被引入，目的也在于此。美德是与不朽且荒谬的自私进行妥协的暂时且局部性的尝试。换句话说，社会并不是建立在一种集体意识之上，而是建立在一种反社会的痴愚之上。这种痴愚加上一点小计谋，摇身一变成为最高准则。文化即变身为文化的自私。社会是一系列彻底反社会行为的产物。

如果人生来就有对他人的爱，就本不可能有战争的发生。如果人能够保持其最初的纯真，那他就永远不可能成为群居社会性动物。

一碗潘趣酒

就如"葡萄是为葡萄酒而设计的",人是为群居社会生活而设计的。发酵是集体生活的结果,而不是原因。社会不是与生俱来的集体意识的产物;群居社交性是一个巧妙引导下的社会的产物。**熟能生巧**:在打铁的过程中我们成为铁匠。当所有人都遵守法律时,社会变得社会化,不以反社会动机的意志为转移。

但是所有这一切唯有在暗中才能运行。社会建立在工于心计的自私自利者之上,知道这一点对道德风气毫无裨益。正因为此,我们说服自己,之所以服从社会契约是因为我们的集体意识。无知与痴愚构成了社会平衡的核心配件。对此,曼德维尔将国家与一碗潘趣酒进行了风趣的对比,结论如下:"贪婪给了它酸,浪费给了它甜。水是无知,乌合之众的愚蠢与轻信则平淡无味;而智慧、荣誉、勇气和人的其他优秀品质〔……〕则相当于白兰地。〔……〕经验告诉我们,上述各种原料,在经过合理调配之后,成为一种备受宫廷行家里手追捧青睐的琼浆玉酿。"

极其细微的差别

真理的真理

在启蒙时代的一幅讽刺画《哲学发现真理》中,我们可以看到,哲学(手上举着理性的火炬)启示我们社会契约是文化的根基。但是仔细观察这幅画的人会发现全身赤裸的真理自己却在试图掩饰什么东西。她用右脚堵住一个面具的嘴,面具的眼睛被蒙上,长着驴的耳朵:痴愚,我们文明真正的根基。

在画的背景中,有一尊卢梭的半身像。

人性本善，而非傻

卢梭认为，第一个圈下一块地，宣布"这是我的"，并且找到够多够傻的人相信他这一说法的人，是社会的奠基人。"我的"和"你的"之间这一玄机无限的区分是对天赋自由的威胁。

（图32）《哲学发现真理》，无名氏，十八世纪。

社会契约是避免凶杀的一种道高一尺、魔高一丈的计谋，是一种适应这一痴愚（最严格意义上的本位主义）的权宜之计。社会契约提倡个人利益服从集体利益。而这并不意味着痴愚的终结，恰恰相反。

卢梭认为，人之初，性本善，而非傻。先己后人。但是这还不算："如果不是因为人人都代表着这个词——人人——如果不是因为人人在选举时都想到自己的话，那又该如何解释为什么**公意**永远正确，为什么人人都始终希望自己能够幸福呢？"（《社会契约论》）。一方面，这一目光短浅的自私，这种痴愚，对国家构成一种持续的威胁。另一方面，它恰恰是神秘的根基。"权利平等以及从中衍生出的正义观源自每个人的喜好，因此也源自人性。"

立法者

我们遵守法律，并不是因为法律有益；只有当所有人都遵守法律时，法律才变得有益。但是如何才能让一个野蛮人遵守一条起初毫无裨益的法律呢？如果人民能够生来就懂得欣赏法律的好处，"如果人本来就是唯有通过法律才能变成的样子"，那契约就毫无用武之地了。社会精神早超越政府之上了。但是"**盲目的群众**"太愚蠢，根本无法了解政府的原理所在。他们看不见牺牲的好处。

卢梭创造出一个神秘的立法者。为了说服人们加入社会契约，这第一个立法者既不能借助于暴力也不能依靠讲道理。甚至还没等到我们说到人民，立法者就已经忤逆了民主原则。唯有人民自己选择的法律才有约束力。为了避嫌，立法者不可以拥有政治权力，只能拥有话语权。他用蛊惑人心的方式，将事物按照"原貌，或者应有的样子"展示给人民。他教会人民"去认识自己想要的东西"。他递给人民一面镜子，透过这面镜子，他们发现自己是一个更大的整体的一部分；他玩的这一招叫作逆转：他佯装契约只不过是对业已存在的状态的一种纯粹形式上的确认而已。他佯装契约的果——人民——是契约的因。但是集体认同——在他原创神话中毋庸置疑的事实——却纯属虚构。他用一个宣扬这一认同的故事将鱼龙混杂的人群凝聚成一个整体。借助一些寓言和一些上层权力机关，他说服他们肯定这个虚构的故事，并借此让虚构变成现实。

第四类法律

> 被我们用作贬义词的痴愚一词，虽然不足以让我们在人前显得睿智，却是自然维持形势稳定和意见统一的最有利资源。
>
> 沃尔特·白芝浩，《探究者》，1852

道理可以说服人身上狼的一面去相信法律的作用，但却不能让它因此改变自己的行为。但人身上羊的一面一心向善，却对国家的运行机制一窍不通。这丝毫不成问题，因为立法者神不知鬼不觉地创立了一种比所有的基本法、民法和刑法加起来都更强大的法律，"既没有刻在大理石上，也没有刻在青铜上，但却刻在了所有公民的心中；它构成了国家真正的宪法；每一天都在汲取着新的力量；当其他法律变得陈旧腐朽时，它提供补给，让它们重生，并且不知不觉地用权威取代习惯的力量。我说的是道德、风俗，尤其是观念；这是不为我们的政客们所了解，却决定着其他所有法律效力的部分；是大立法者私底下最为关注的部分，尽管他表面上忙于一些具体规则的制定，它们只称得上是拱顶的模架。而具体规则背后的道德风俗虽旷日持久，却构成了坚定不可动摇的拱顶石。"即使有一天社会契约土崩瓦解，这部法律也能保障公意的不朽。

木棍与蛇

为了说服那些可能对自己睿智的审判持有怀疑的人，立法者假众神之口来宣布他的决定。"但不是所有人都能够让众神开口，也不是所有人都能让别人相信自己就是众神的代言人。［……］任何人都可以自己刻石碑或者买神殿［……］只懂得做这些事的人偶尔也能找到些傻子信他——但是他永远都不可能因此建立一个帝国，他荒诞的大作转瞬间就将与他一同灰飞烟灭。华而不实的声望不过是海市蜃楼；唯有智慧才能让这一切长久。"

但事实却不是这样：效力的持久性具有回溯效应地将缔造者最初的创举——例如一个愚蠢得令人咋舌的玩意——变成一种我们无法理解的智慧。

卢梭认为，正是因为这样，犹太法直到今天还体现着立法者的伟大；"傲慢的哲学与盲目的派性在他们身上只能看到招摇撞骗者的影子，而真正的政治家则从他们所制定的法规中看到令其统治千秋万业的伟大天才创举。"换句话说：才华横溢的招摇撞骗之术在我们文明中的作用被严重低估。看看伟大的犹太立法者摩西吧。他从上帝那里接受了一项使命，要带领他从古埃及逃离（《出埃及记》4：2—4）。但是摩西害怕他的人民不相信他和耶和华曾交谈过：

耶和华然后问他："你手上拿的是什么？"

"一根木棍。"摩西说。

"把它扔到地上。"耶和华命令他道。

摩西就把木棍扔到地上，木棍变成一条蛇，把摩西吓得往后退。

耶和华见状，对他说："伸出手，抓住它的尾巴。"

他伸出手，抓住它，他手中的蛇又变回木棍……

"［表演给他们看］，让他们相信耶和华真的对你——他们的上帝——显灵了。"

(图33)《摩西与亚伦在法老面前》，古斯塔夫·多雷。

在亚伦的陪同下，摩西在法老的王宫里表演了这个戏法。法老吩咐自己的法师也表演同样的戏法，法师们都成功地把木棍变成了蛇。亚伦的蛇把其他蛇全都吞掉了。亚伦赢了这一局。（《出埃及记》，7：12）

但是法老仍然不相信。因此，摩西用他的木棍唤来了埃及七大灾难，整个埃及被呼啸而来的尼罗河青蛙所覆盖。

从某种意义上来讲，摩西与江湖法师截然不同。舞蛇人可以控制自己的蛇，让它变得像木棍一样又直又硬；再抓住它则让它从着魔状态中清醒过来。但是这里在发生的则恰恰相反！真正的立法者可以以假乱真，把木棍变成蛇……为了让离奇之事（上帝）变得为人熟知，他把为人熟知的东西（木棍）变得离奇。

骗术的美学

木棍与蛇的把戏体现了立法者的真正手腕：为了让遥远陌生的契约变得可以接受，他让人远离天生的自私主义。"必须，一句话，就是剥夺人们原本与生俱来的力量，然后赋予他们不属于他们的力量。"他懂得如何将天赋力量变成政治力量。通过契约，损害统一的本位主义突然蜕变为社会的根基：人们为了实现其个人利益而服从集体利益。我们称之为骗术的美学：一个微不足道的差别让世界脱胎换骨。借助契约，人从愚蠢的动物状态进入思考的**存有**状态。冲动变成义务。本能变成正义。作为个体的他们所付出的被返还给作为公民的他们。民主是人送给自己的礼物。

圣民主人士

但我们还是碰到一件荒谬之事。立法者自己好像置身自己所宣扬的民主之外，因为他并非由人民所指定，而是由自己所指定。

另外，一切人性的东西对他来说都十分陌生。为了避嫌，立法者不能担任任何职位。他需要像一个外国人一样在自己的国家工作，淡泊名利，视权力为粪土，不为任何激情所动。卢梭笔下的立法者好像是某种圣人。

这一情形的喜剧之处在于卢梭为这个神明般的第三者所给出的定义乍看之下像极了民主主体的定义！形式上的民主是反人道的，它并非按照人的激情、兴趣与需求所设计，而是建立在一种毫无情感的抽象概括之上。民主包括了所有人但"又不包含任何人"，无视种族、宗教、财富或其他惯用语。

真正的民主人士当然是一个乌托邦式的人物；每个公民的背后都隐藏着一个工于心计唯利是图的平民。但这不成问题，因为公民在以公民标准要求自己一言一行的努力尝试中成为公民，是对自私动机的抽象概括。民主主体与民主主体的破灭不期而遇。民主在失败中成功。

神秘立法者异于常人的地位可以通过这种方法得到解释。就如同超民主人士一样，立法者显然象征着一个无法企及的理想，他似乎置身于自己所创立的民主制度之外。但是不管怎样，超公民，无论有多荒谬，都让人们看清了立法者所宣布成立的乌托邦的乌托邦之处，看清了其虚构的虚构之处。他代表了民主的痴愚——那描绘出民主特性的痴愚。立法者本身就是自己所创造的神话的一部分。

卢梭认为，立法者并不是通过民主形式被选中的，他是在事后被自己所创建出的人民认定为领导者的。他不过是一个成功地将自己载入史册的普通白痴而已：成者为王。

披着羊皮的狼

卢梭将**公意**与**众意**区分开来。公意旨在维护共同利益，保卫共同体以及共同体内部的自由。而众意则是个体意志的总和。于是就出现了政治家需要面对的不可能的任务，一个化圆为方的问题：使众意与共同利益达成一致。

采取决策的一个基本原则就是少数服从多数原则。但是在选举当中，社会分崩离析成一个不成形的大杂烩，每个个体都在不惜一切代价地追求自己的私利。只有在极罕见的情况下，众意才能代表公意。但是，即便是一致同意也不能保证政治的正确。要实现这一点，就必须要人们在投票的时刻心中想的都是**公意**。

但是，我们碰到一个问题："个人对自己看到的好不屑一顾，公众想要的是自己看不到的好。"卢梭认为，个人并不蠢，而是坏。然而，民众，作为整体，并不坏，而是蠢，是受利益集团影响的牺牲品。（卢梭之所以反对政党，也正因为此。）这也让我们再次想起之前讲过的"野蛮"与"粗鄙"之区别。

如何锁住恶狼，开化绵羊，这就是政治家们的任务了。有趣的是，狼与羊在同一个人身上共存。私与公之间的撕扯是民主人士的特点。从严格意义上来讲，社会契约是人和自己达成的契约：是公民，作为集体的一分子，与作为个人的自己所达成的协议。但其实，这个决定也受私利的驱使。人仍旧是一匹披着羊皮的狼。

从广义上讲，私与公也密不可分。

唯有当主体享受到繁荣时，社会才会繁荣；而每个个体的福祉并不一定代表国家的福祉。部分与整体之间的纠葛是发展的原动力。

不过有一点非常矛盾：公共利益最好的保障在于，个体利益之间需要存在尽可能大的差异。差异越大，选举结果越能代表整体利益。一致在不一致最大化中实现。

民主的力量

人民的意志构成了法律制定的红线。但是如何才能确定公意呢？在一个民主体制中，无人凌驾于党派之上。没有一个可供确定公共利益的出发点。立法者自己都要服从法律。法律的合法性是一个尚存争议的话题，这更令公意的最终确定变得遥遥无期。

民主的这一弱点同时也是它的力量所在。恰恰是在赞成与反对的聒噪喧闹声中，在关于究竟什么才是民意的无休止的讨论声中，民主才得以盛放。在民主体制中，争议被制度化。任何解决方案都是暂时性的。民主就是一系列徒劳无功为实现民主而进行的愚蠢尝试的结果。

选举的痴愚

民主的悖论

在民主制度中，权力属于人民。但是人民又是什么呢，如果不是臣民的汇总？人民不可能同时是管理者，又是被管理的主体。因此人民自己不让自己成为人民。这就是民主的痴愚。

该悖论在一个无与伦比的民主程序中一览无余：以确定人民意志为目的所进行的选举。在选举过程中，社会大厦土崩瓦解，仅靠一群反社会白痴继续运行。选举的意义与结果与个人品质毫无关联，而成为一个纯量化的计数机制。公民被降格为纯数字体系中的一分子。总之，在人民唯一可以真正行使自己权力的时刻，他却不再作为一个整体而存在。

选举

> 因此，在所有这些有法的政体中，它是最坏的；而在所有无法的政体中，它是最好的。生活于民主政体中，胜于生活于无约束的政体中；而与那些秩序井然的政体相比，生活于民主政体又是最不好的。
>
> 柏拉图，《政治家》

> 民主制度是我们所有制度中最糟糕的；唯一的问题是，比它更好的制度不存在。
>
> 温斯顿·丘吉尔

在选举中，总是那些已注册的弃权选民在起决定性作用。首先想想看天气预报对选举结果的影响吧：天气越好，前去投票的人越多，结果就越偏左。左派选民是一些好天气的人。但是，这一条只在那些天气常年阴霾的国家有效……孟德斯鸠、德格鲁特、卢梭等关于气候环境对政体形式影响的论文中没有提到这一点，着实令人惊讶。

然后想想公民们。候选人受个人利益的驱动。他们所在意的，是权力、金钱和个人理想的实现。而且，他们将一切修辞方式玩弄于股掌之上；他们利用选民的惶恐、挫败感、贪婪——总而言之——他们的一切感情。

而选民们也好不到哪里去。他们被自己以个人利益为核心的构想牵着鼻子走。他们的这些构想，根本称不上民主，说无政府主义还差不多。不只这样，他们感情用事，易受蛊惑煽动，头脑发热。选举前，一个意外或者幕后操纵的事件——比如丑闻——就可以改变一个国家的未来。除少数几个偏执狂专家外，如今有几个人还会费那个力气去读各个党派的参选纲领？

公民中那些认为投票可以体现出他们心中的民主尊严的人，别人都把他们当作傻子一样看待。更可怕的是：这些能说会道爱辩是非之人对于民主制度而言甚至是一种威胁。那些想要使民主合理化，想要让选民先通过智商测试再投票的人，会将国家领入精英专政的道理。如果，我们对候选人进行严厉的批判，如果我们对公民的政治常识进行考核，那么在我们所实现的民主制度（例如：古代东方）中，真正的投票远在投票之前就已经完成。

痴愚并不是民主的死对头，恰恰相反。民主之所以存在，完全多亏了痴愚的帮助。为实现彻底合理性而进行的奋斗会导致反民主政策。民主唯有在失败中才能成功，唯有在为实现真正的民主而进行的徒劳无功的奋斗中才能成功。但这一点必须不为人知，否则必将前功尽弃。正因为这样，我们才佯装投票选举是民主的顶峰。

民主是一个虚构故事。现实中只存在着反社会的白痴。但是如果没有对民主的虚构，与事实相关联的民主就根本不可能存在。民主的表象是民主。

人人都坚信不疑民主一定存在，而选举是民主的最高荣耀。

没有比这更愚蠢的了。

选举机器

民主的这一悖论在艾萨克·阿西莫夫的科幻故事《选举权》（1955）中被诠释得淋漓尽致。在遥远的未来，一个老先生讲道，在很久很久以前的美国古选举制度里，每个人都投票，得票最多的人当选。但是，由于选举程序过于费时，人们就发明了一台机器，这台机器对最早的几张选票进行分析，并与前几年的选票进行对比，最终预测出投票结果。

机器需要的选票越来越少，最后，电脑马尔蒂瓦克只需要一张选票就可以决定所有地方与全国性选举的结果了。"马尔蒂瓦克对无数因素进行分析衡量，但是有一个因素不得而知［……］那就是人类思想的反应示意图。"

结论就是，唯一无法被纳入合理化程序的，就是美国人民——民主所存在的理由。

但是，从一个普通美国人身上，马尔蒂瓦克能够深入到所有其他美国人的大脑世界中。诺曼·穆勒——一个在印第安纳州伯明顿的小超市工作的再普通不过的店员——被电脑马尔蒂瓦克选为年度选民："马尔蒂瓦克选择了您作为最有代表性的美国公民。不是最聪明的，不是最有能力的，也不是最幸福的，只是最具有代表性的。我们不管怎样都该不会要质疑马尔蒂瓦克的选择吧？"

但是诺曼不想担负这个责任。"为什么是我？"他的妻子萨拉回答道："马尔蒂瓦克指定了你。要负责的是马尔蒂瓦克。所有人都明白这一点，不是吗？"尽管如此，这个唯一的选民仍被其他所有人视为负责人，要为确定总统人选负责，也要为以后他可能犯下的错误负责。就如同菜农汉弗里的情况一样,"他从未主动要求过什么。为什么就偏偏是他的错,而不是我们的错?可是如今臭名昭著的却是他。"萨拉提醒诺曼,这可以为他带来金钱和名利。"做选民又不是为了这些,萨拉——那是你的想法。"

为了防止受到政客、商贾或狂热分子的影响,诺曼不可以离开家半步。他不可以读任何报纸,也不可以看电视,因为马尔蒂瓦克"需要在一个尽可能正常的状态中检验他"。

投票地点最后定在一所医院里:"需要你熟悉自己的环境,并明白自己来到这里是为了完成一个特殊的使命,一个具有临床检查性质的使命。"他身上连满了"令人不安"的仪器,时刻检测着他的血压、脉搏和脑电波。"您不会感觉到什么的。"医生们对他担保说这不是一台测谎仪,但是可以检测出问题对他的触动有多大,"它会比你自己都了解自己的感受"。马尔蒂瓦克从他看不见的地方提问,问题天马行空又寻常无比:"您认为鸡蛋的价格如何?"

在好胜心的驱使下,诺曼完成自己的使命,并尽量表现得像一个民主人士。但突然之间,除了个人得失之外,别的什么东西开始涌上他的脑海:

> 一种爱国主义情怀油然而生。毕竟,他代表了全体选民。他就是核心代表。在这独一无二的日子里,他自己一个人代表了整个美国![……]

诺曼·穆勒突然间感到自豪。责任感实实在在地压在了他的肩膀之上。他为此而感到自豪。

在这个不完美的世界上,最早也是最伟大的电子民主制度的最至高无上的公民将再一次通过诺曼·穆勒这个人（通过他！）以不伤害他们自己选举权的方式行使选举权了。

阿西莫夫的故事与其说是一幅关于民主制度的讽刺画，不如说是对潜伏在民主制度核心的痴愚的生动体现。

在他试图合理化民主制度的尝试中，机器无法完全脱离选民。选民是民主制度中愚蠢的元素。但是通过将选民数量缩减为一个人，机器避免了党派之争。而且，唯一选民有助于防止人们产生被盲目的国家机器异化排斥的感觉。通过诺曼，民主制度有了一张人类的面孔。他的名字成为总统成败的同义词。讽刺之处在于，选民要为结果负责！机器却以这种方式逃避了责任。选民成为遥不可及的国家机器的无罪托词，而国家机器的权威则来自于公民的恐惧。

为了减小风险，马尔蒂瓦克选择选民。但是诺曼的角色纯属形式上的。他根本无足轻重。

但是机器把他留在自己的假想中，继续认为自己的投票是至关重要的。这个故事因此也可以被解读为个人意见压倒多数意见发挥决定性作用的一种幻想。公民投票，仿佛肩负着整个民主制度。在选举过程中，任何公民都把自己想象成国王。

年度选民选拔标准让每个选民给自己的特殊定位都需要重新被定义。诺曼被指定为优秀的美国人。乍看之下，这是一个不可能的任务。诺曼自己也目瞪口呆。他到底有什么东西是别人没有的？矛盾之处在于，他恰恰是因为大部分美国人都有的共同特点而脱颖而出。选择诺曼，马尔蒂瓦克就等于选择了常规。他的独特在于他是最不独特的；他正常得不正常，平庸得出奇。恰恰因为他是最不奇特的人，才得以成为美国人的杰出代表。

民主的主体并非最聪明的人，而是最普通的人。整个体系围绕着唯一的白痴，他在平庸中代表着全民。"普通美国人"当然是一个虚构的概念；例如普通人平均有一点八个孩子。没有人能真正符合极端情况所描述的一样，同样，也没有人能真正符合平均中间值，就算是诺曼也不能。但是他在自己的角色中的庸俗表现刚好使他成为理想的人选。他那些以自我为中心的疑虑体现了最普遍的共同特征。这个唯一的公民体现了至高无上的美国人民狭隘与反社会的特点。

没有必要借助马尔蒂瓦克对典型美国人进行临床分析，随便一个被治理者的心理活动就足以扮演这个角色。这一点从医生们反常的要求中也能够看出：保持正常状态就好。从严格意义上来讲，诺曼的思想并没有什么好分析的，但是，面对"做自己"这个不可能的任务，诺曼的反应才是真正值得研究的课题。

身份认同所引发的焦虑与不确定，恰恰构成了他存在的可测核心。

最后，诺曼终于相信了自己的使命，并在回溯效应下后知后觉地让自己符合了一个真正的国家公民的定义。

选举的痴愚

一个极右或极左分子违背了民主的准则，却无伤民主的形式根基。但是，选举却对民主构成了直接的威胁，因为选举并不是一种造反，而是一种合法、民主的反民主形式。受立法者管理的人民，摇身一变成为立法者的统治者，打开了吞噬秩序的无底洞。选举不仅意味着临时执政者的终结，还意味着民主的自尽。

但是，当这一自我毁灭的程序终结时，当蛇把自己吞掉之时，新的秩序诞生了。

从这个角度来看，所有民主都是自己的讽刺画，都是一种蜕变成民主的无政府主义。痴愚唯有在黑暗中动作。但与此同时，我们不能将这种痴愚遗忘，因为它是民主的根基。这就是为什么，无私奉献的另一面——反常的自我毁灭——会时不时地浮上水面。

民主让痴愚在选举中充分爆发，并借此展示了它的实力。唯有痴愚的意愿，唯有全身心投入到这一荒诞偶发事件中的意愿，才令民主成为可能。

不过仍然存在着一种风险，即选举可能导致无政府主义，并因此导致民主的终结。

因此，权力之位，也就是痴愚之位，绝不能长期空置。

但是，还有一种危险在对民主虎视眈眈。

权力之位

> 咕呱　咕呱　呱　呱
> 咕呱　呱　呱
>
> 阿里斯托芬，《青蛙》

民主建立在这样的信念之上：因优秀品质而被人民选出的人会合理地管理国家。但是这些评价别人品质的人的品质又将由谁来评价呢？根本就无法最大限度地担保领导一定合适。

在民主内部，代表人民的那个人永远都不能主宰秩序，因为他仍是一个国民，一个受其他国民审视的国民。简言之，民主的特点在于，它有一条不可跨越的界限。这条界限可以防止国民永久性地霸占权力。民主是永远的过渡期，是永久的权力空缺期。对这一内在不可能性的肯定是民主的主要特点。一个国民作为摄政者，暂时替代现实中不可能存在的最高统治者当权。而选举结果令其合法化。他的身份是代理人。（克劳德·勒福尔，《民主的发明》，巴黎，1981）

为了不让部长们自以为有多了不起，我们在谈论起那些在海牙中饱私囊的官员，谈起大城市的傲慢和一些大人物时，总是带着轻蔑嘲讽的语气。这样做的目的，是提醒自己也提醒那些在位的统治者们，在他们与权力之位中间，横亘着一条鸿沟。

因为没有任何人是人民的直接化身，权力之位必须空缺。临时领导人只不过是占据了一个现实中不可能存在的最高统治者的位置。

权力之位纯属象征性；如果它被一个真正掌握实权的政治人物所占据，那民主必然蜕变为独裁专政。成功地做到这一点的政客们对民主而言是最大的威胁！

恐怖

我们必须为民主而奋斗，并且阻止它的实现。

罗伯特·穆齐尔，《日记》

民主的悖论在法国大革命中的雅各宾派身上得到了生动的体现。在将腐朽的封建传统彻底摧毁，并从零开始创造出新人的空

Robespierre guillotinant le bourreau, 1794

(图 34)《罗伯斯庇尔把砍掉所有法国人头的屠夫送上断头台》,无名氏,1794。一个玩笑体现出了法律罪恶的一面:"——还有屠夫吗?——没有了,昨天我们刚刚把他的头砍了。"最后,罗伯斯庇尔自己也被送上了断头台。

想之上笼罩着的，是恐怖。下面的循环推理证明了这是一种空想：人民赋予国民公会创造出人民的使命。空想需要掩饰这样一个事实：人民并非理性决策的产品，而是非理性暴力的产品。这一点，没有人比雅各宾派自己更清楚。

圣茹斯特曾为恐怖统治正名："没有人能光明正大地统治。"作为人民工具的统治者的双手全都沾满了鲜血。"恐怖之所以具有革命性，在于它不允许任何人占据权力高位；从这个意义上讲，它又是民主的。"克劳德·勒福尔写道。这也解释了为什么许多人宁愿丢脑袋也不愿实行恐怖统治。"我们不够廉洁正直，没有资格如此冷酷无情。"（圣茹斯特）雅各宾派担心，为人民实行恐怖统治的自己，是受见不得人的私利所驱使。

可笑之处在于，雅各宾派为了防止权力之位被人占据所占据的位置就是绝对权力之位本身。无人能免。早晚，他们的脑袋也要滚到篮子里去。革命的英雄本质上就是叛徒，因为他与别人不同。这就是恐怖的恶性循环：一群民主人士无休止地彼此砍着头。革命是一条吞掉自己孩子的蛇，最后连自己也吞掉了。

惊愕

所有政治流派都面临极权统治的诱惑。但是追求彻底的理性的梦想却被痴愚撞得粉碎，早晚，各种体制都会栽在它身上。那是一种令人捉摸不透的愚蠢，迟早会把整个体系腐蚀得面目全非。

一方面，痴愚对民主而言可以是致命的。选举失去控制而蜕变为民主终结者的无政府主义，这种风险不是不存在。权力之位不可以长期空置。

另一方面，民主无法离开痴愚而存在。某个人霸占权力之位，化秩序为令人窒息的独裁统治，这种风险也不是存在。

总之，民主受到恐慌与愚钝——惊愕的两种形式——的威胁。而惊愕一词在词源上与"痴愚"密不可分。过多的痴愚导致疯狂；过少的痴愚导致愚笨。总之，需要让痴愚既远在天边又近在咫尺。

如何走出民主的死胡同？办法就是为痴愚留出自己的位置。君主立宪制给出了解决方案。

青蛙、木桩、蛇和面具：给未来弑君者的痛苦的十二课

池塘里的木桩

> 青蛙们咕呱，咕呱，呱呱，呱什么？
>
> 让-皮埃尔·布里塞，《人类起源》，1913

民主唯有借助象征民主荒谬的唯一主体才能够实现，这个主体就是国王。

君主并非象征着人民，却能够通过象征人民的不可能性，起到凝聚人民的力量。作为民主的痴愚的轴心，国王在他虚假的位置上，令民主的痴愚一目了然，也令失败显而易见。幕后的失败对民主的成功而言不可或缺。

国王登基即位并不等同于占据空置的权力之位。君主作为必然的例外，保障了民主得以发展的空间。雅各宾派通过让权力之位空置的方式占据着这个位置。与雅各宾派相反，国王通过占据

权力之位的方式保护这个位置。

国王防止临时执政者将自己绑在权力宝座之上。因为君主的作用完全是消极的，他的品质无足轻重。把"谁应该是国王"这个问题完全托付给随机选择与生育再好不过了。这是可以体现出他毫无价值的唯一方法。

(图 35) 卡玛库尔卡在《自由荷兰》。皇帝的新装遮盖的不是他赤裸的身体，而是他权力的虚无。

神圣化空间

君主实质上就是叛徒；他偶然降落在空置的权力之位上，然后假装可以代表神秘的人民行使权力。君主享有颇具威慑力的权威，并不是得益于他的品质，而是因为他占据的是民主体系内部的一个神圣化空间。

为了破除他的魔咒，我们需要赤裸裸地揭露君主与他所占据的位置之间的深渊。

摘掉假面具能够终结君主的权力，却不能终结他所占据的空位。空缺之位无法被废黜，因为这一结构性必然是民主内在痴愚的结果。

操作空间

什么，什么？呃，呃，为什么？

让-菲利普·拉莫，《普拉蒂埃》

(图36) 查理·费利彭，《梨》，1830。平民国王路易-菲利普一世讽刺画。他因为脑袋的形状而被戏称为"梨"。

一方面，国王可以防止临时领导人长时间占据权力之位。另一方面，君主可以在选举期间保证民主的连贯性。（完全相反的状况也有可能发生，例如在比利时，在《流产法》立法期间，国王被临时"罢黜"，在此期间，是民主保证了君主政体的连贯性！）

没有君主，秩序或脱缰为无政府主义，每个人的位置随时都可能改变；或蜕变为独裁专政，每个人都有一个固定的位置和角色。君主开放了一个空间，让公民可以充分形成发展，同时又不至于引发全民混战。

民主的主体

属于恺撒的归恺撒。从属意义上的臣民作为社会体的构成部分，想要成为思想自由人意义上的臣民，就必须佯装君主是法律的象征。

悖论：公民唯有服从独一无二的一个人，才能拥有自己的自由。他们将自己的自由意志投射在他身上，这个人就是国家元首。这一矛盾早已深深地烙在"**臣民**"一词中。这个词同时表示"从属"和"自由行动的人"：臣民只在自愿奴役状态中存在。

国体

在日常生活中，公民面对的是一个难以捉摸的国家机器，它从外部协调着他们的生活。

臣民们佯装国家变成了君主其人，借此克服这种束缚与奴役。

君主为客观的法律加上了"我想"的主观色彩，并将部长们的意见变成国家的决策。通过签字，国王将法律变成他个人意愿的表述。剪彩、亲吻孩子和奠基仪式这些空洞行为的意义与其并无二致。

但是一旦君主开始干涉法律，他就越过了将他与他的公仆分开的界限，国家从而失去人类的面孔，并蜕变成令人窒息的独裁专政。

王子宝鉴

> 有人想让我变成君主立宪制的国王，好像异教徒的上帝，有口不能说，有脚不能走。
>
> 荷兰国王纪尧姆一世，
> 1829年面向要求实行内阁责任制代表团的讲话

我们的常识告诉我们，君主应当尽可能智慧，能干和勇敢。而事实却恰恰相反。他象征性的角色与他真实才能之间的差距要多大有多大。

对于民主而言，危险在于君主的角色与君主其人的重叠，以及幻想君主权威有其合理的依据。木桩变成了蛇。

使命与才能之间的关系将君主与其下属部长区分开来。部长被选中凭借的是他们的品质。他们提供了法律的具体内容。而国王则刚好相反，他的左右纯属礼仪性。他欣然接受无法避免之必然。只需要签个字就可以了。他仅靠名字统治，但他的权威就源自他的名字。

正因为其愚蠢且纯形式性，国家元首这一位置才会被托付给一个因出身这种非理性原因而扮演这一角色的白痴。君主在国家机器内部占据着一个奇特的位置，他是否愚蠢并不重要。听说朱丽安娜女王、艾琳娜公主和查理王子和不明飞行物内的生物、树木或海豚的对话甚至能令人倍感欣慰。

（图 37）皮姆·范博克塞尔，《君主立宪制》，1969。

君主立宪制相当于一个理性实体头上顶着一个非理性成分的帽子。人民与国王之间的断层并非障碍物，而是民主的必要条件之一。秩序需要一个特殊焦点来帮助它作决策，从而令秩序自身变得卓有成效。

荷兰共和协会成员对此提出异议，认为国家命运变得与君主多变的性格密不可分。他们的异议是自己打自己的嘴巴；因为君主的权威完全是形式上的，所以他的品质完全无足轻重。

总统,恰恰相反,对民主而言则是一种威胁:我们很可能开始相信其理性。国王至少不会这样。

为了避免一切误解,作为回应,许多法国总统开始以君主自居。他们的遣词造句,他们的凯旋门和他们的展览馆就是生动的体现。他们以另外一种形式展示着自己的非理性。希特勒和斯大林,还有丘吉尔、里根和密特朗都咨询过占星师。

匹诺曹

> 很久很久以前……"有一个国王!"我的小读者们一定会立即这样说。不,孩子们,你们搞错了。从前有一块木头。
>
> 卡洛·科洛迪,《木偶奇遇记》,1881

匹诺曹是一个不愿学乖的男孩。他是"木头人",没有心,不尊重父母。但是随着故事的发展,他却渐渐表现出人的特点。每当他撒谎的时候,鼻子就会变长,这说明他还是有良心的。但是,只有当他表现出责任感和真挚的爱时,才成变成有血有肉真正的人。他发现自己在一张椅子上,就坐在自己——一个木偶——的身旁。

这个故事体现出君主立宪制的理想发展过程。

为了防止在他的象征性角色与品质之间发生短路,君主首先要是一块木头。然后才需要提高自己区分私下里的自己与作为公众人物的自己的能力。(在这方面不得不提的是:威廉明娜公主曾经让专人负责她的玩具娃娃!)

君主必须聪明到能够装疯卖傻。他有义务在公开活动中表现得像个木偶，以便清楚地告诉众人他是在扮演一个角色。他不能流露真情，只能在形式上尊重自己的父母。他胜任这一角色最好的证明将是那不由自主流露而出的羞赧。但是为了防止鼻子变得过长，他不得不尽量少露面。

对荷兰王储威廉-亚历山大的采访证明他天生就是块好木头。他僵硬死板的气质，他的官腔，他的固执（关于打猎、宗教、婚姻）都使得他完全胜任君主立宪制中的这一角色。

失败如"认识理由"

> 请保护我们不受智慧的君主的迫害！查理一世丢了脑袋，查理二世把国家卖给了法国人。不要再思考了！不高兴的话，就退位。
>
> 小报《太阳报》向查理三世亲王提出的建议

君主是唯一不需要证明自己才干的人，因为他在文化层面扮演的角色是与生俱来的。他的社会地位由生物学因素决定：他生下来就注定是国王。

臣民们则相反，他们没有家谱。他们是孤儿，一切都靠自己打拼。他们需要证明自己的实力。失败、他们的实际行为与他们本该有的表现之间的差距，为评价他们提供了可能。

另外，我们唯有发觉自己忘记去履行自己的民主责任时，才清楚地意识到自己有这个责任。换句话说，我们是作为木偶而不是自由主体在行动。失败是民主的"认识理由"。

但是我们不能（也不应该）根据君主的品质对其进行评价，这样做必然会有损其权威。如果君主应当不停地证明自己的话，那就变成君主需要服从至高无上的人民了。也是出于这个原因，统帅人民的人选由生物学这一非理性因素来决定，也未尝不可。君主靠出身"降临"。他的一举一动不能用一种典范的尺子去衡量，不能用他应该怎么做去评价，因为君主实际上就是典范。君主无法违法，因为他的话就是法律。他就是他所象征的。更好的是：即使他不是，他的臣民们也应该假装他代表了法律。

（图38）① 约翰·范迪克，摘自《私》。

对君主权威而言最大的危险，其实是那些热情的拥护者们。他们挥舞着君主智慧的证据手舞足蹈，试图为其正名。那些服从国王却并非因为他是国王，而是因为他是天才或是出色的管理者的人，实际上犯下了弑君罪。

---

① 图片上方文字：王国信息处主管伊夫·布鲁维尔提醒女王她该做什么。左图文字：继续。中图文字：注意。右图文字：不要回答。

他凌驾于国王之上。他损害了那源自盲目服从,而非理性论证的权威。

我想要

君主的评判并非由法律决定。他的权威源于一个自由的、不受任何因素牵绊的决定。君主"想要"这个法律。他想要它并非因为它好;法律好是因为君主想要它好。他遵循的并非理性的光芒,而是他毫无来由的意志。他知道自己想要什么,却无法解释原因,幸运的是他可以这样做。不负责任的疯狂是君主的特权。而且只要他的决定只停留在形式层面,就行得通。

君主经过深思熟虑后作出的决定是对由宪法授权的民主程序的冒犯。服从民主法律的国王临时性地管理人民。他的介入——基本上与封建制度有关——结束了围绕是否赞成法律而出现的犹豫不决。他经过深思熟虑后而下的命令损害了人民的绝对权力,但同时又创立了新的法律。没有君主的"是",民主将无以为继。

疯狂的种子

国王是民主制度内部疯狂的种子。君主令人折服并非因为他的独特,而恰恰是因为他提醒了人们民主不为人知的另一面:反社会的、具有自我毁灭性的自由,它同时损害着又维系着团结统一。

君主表现的并非人们的意志。他是统一的死对头——自私的疯狂——的化身,并最终借此实现统一。

正是(从民主的角度)君主的不完美——借此立宪制的君主使人意识到对专制政体的残念——激发了人们的想象。作为绊脚石，国王提醒着我们，民主仿佛冷冻剂，封存着一种原始的疯狂，它随时都可能苏醒。公民们在对他们唯一的那个拥有权威的子民的迷恋中达成一致，实现统一。这个唯一的子民让人看清了统一内在的不可能性。君主用自己的愚蠢提醒人们民主摇摇欲坠的根基，并借此维持整个体系不倒。没有君主，国家将四分五裂。

民主存在于一系列徒劳无功想要遏制痴愚的努力之中。痴愚就蛰伏在君主其人身上。我们歌颂君主其人，实际是在歌颂民主的痴愚。

朕，即国家

君主代表的不是人们现有的秩序，他无中生有创造出秩序。他是象征，有了他，被象征的事物才得以存在。君主并非一个智者，能够看见在人民中间，有无限可能正在初露雏形；他只消一个毫无理性的动作，就可以化腐朽为神奇，化无序为有序。

因此，国王并不仅仅是一个集体的象征，一个装饰性配件，或者叫作"蛋糕上的樱桃"。他以一种非象征性的方式代表着国家：国王，其非理性的存在，恰恰是理性的国家。借国王之身，国家发挥着全效。

君主令人慑服的存在对我们施展了障眼法，让我们看不到建立起秩序的官僚机器。但是，这还不算，因为官僚主义唯有借一个白痴之身才真正有效，君主的非理性存在扮演的就是这样一个角色。秩序自始至终与唯一的一个国民绑在一起，这个国民——尽管愚蠢——就是秩序本身。

没有国王，就没有民主。统一总是矛盾的统一。唯有被君主非理性的形象所代表，理性的秩序才可能建立起来。赋予人民统一与认同的核心人物与扼住民主喉舌的因素不谋而合。

作为民主制度中无法剔除且无人能出其右的白痴，君主成功地挽救了民主。还好臣民们不知道他们自己的人生与这个高高在上的白痴的人生之间的联系到底有多么紧密；他们认为自己才是核心要素，而君主不过是一个奇怪且华而不实的象征。

世界的惊奇

> 从伟大崇高到荒谬可笑，其间只差一步。
> 托马斯·潘恩，《理性时代》。拿破仑在俄国大撤退时引用过这句话。

君主是对民主精神的侮辱。依照民主精神，对所有公民都应一视同仁。将民主精简到一个国王身上，这超出了一个共和主义者的想象，并且令人瞠目结舌，而瞠目结舌恰恰是真正的民主人士的特点。

一方面，国王妨碍了全面民主。另一方面，他从负面告诉人们真正的民主大概是什么样子。讽刺之处在于，没有为建立民主而进行的屡试屡败的尝试，就没有民主。所以我们应当把这两方面联系起来看待：不无荒谬地，君主体现了失败，而失败实际上就是民主本身。从这个角度来看，至高无上的君主就是一个荒谬可笑的小丑，一根占据了民主空位的木桩。

只说没有人是真正的民主人士是不够的。这等于暗示没有缺点的民主人士是存在的。然而，真正的民主人士只存在于为成为真正的民主人士而进行的屡试屡败的尝试里。

君主透过自己的痴愚体现了这种不可能性。君主的秘密藏身于民主的失败之中。

皇帝的新装

存在即不被感知

> 未知是现实本质的一部分。
> 阿尔弗雷德·索恩-雷特尔，《思想与人类劳动》，1972

世界存在多亏了痴愚，而痴愚实质上唯有不为人知时才能发挥作用。总之，未知是有产出效果的。世界的存在意味着某种形式的未知：**存在，即不被感知**。

幻想有双重作用：幻想并不会妨碍我们看清现实；貌似毋庸置疑的现实之所以存在，得益于一种对现实起规划作用的幻想，但前提是它必须不为人知。

在我们深信不疑的世界里，我们与寄身其中的幻想与痴愚擦肩而过。揭穿幻想意味着暴露痴愚。

唯有我们对真相视而不见，民主才可能运转：对立。对民主真正本质的未知是民主的一部分。一旦我们看清事物的真面目，世界将土崩瓦解。

总之，幻想是本质的一部分。毫不故弄玄虚的君主立宪制不存在。秩序之上，是伪装。

(图 39)《欧伦斯皮格尔在黑森侯爵家》,匿名木刻画。

欧伦斯皮格尔是如何到黑森侯爵家的

黑森侯爵委托梯也尔·欧伦斯皮格尔用一幅画装点他城堡的大厅。画中的黑森侯爵在"黑森家族各大贵族侯爵及其夫人们"的中间。梯也尔还需要表现出黑森侯爵的先辈是匈牙利国王及其他君主的祖先。

梯也尔终日和他的同伴们用一百金盾预付款玩掷色子游戏。过了一段时间,侯爵想视察工作。梯也尔提前通知他说:"出身血统不纯正的人是看不到我的画的。"

他掀起挂在墙前面的白床单一角,用一根白色木棒,他指点着画中的侯爵家族成员,一直上溯至其罗马时期的祖先。

侯爵自言自语道：我很可能是妓女所生，因为我只看见了一堵白墙。但是，他却表示："先生，我很喜欢您的作品，但是画得好像不太像。"

侯爵带着整个家族回来，想看看到底谁不是正统出身；因为，这样的话，他们的地就全归侯爵所有了！

期间，他的妻子带着八名年轻小姐和一个女丑角过来瞧了一眼。没人能看出什么图案，但所有人都缄口不言。最后，那个女疯子喊道："就当我是私生子好了，反正我什么画都没看到！"

这时候，欧伦斯皮格尔想道：如果疯子都开始说真话了，我就真的该走了。

梯也尔并不是靠画一幅虚构的家谱图来糊弄大家。他的手段要巧妙得多。他假装权力的秘密藏在白床单后面，这才是他的骗术。但是，白床单后面其实什么都没有。但是他也揭露了真相：我们在布帘后面发现欺骗是权力的秘密根基。如果秩序想要保持其连贯一致，这一点就必须不为人知。表象才是本质！是权力的家谱——或者更好的说法是——反家谱。权力的真相并非藏在布帘之后，而是在布帘里面。本质就在那片佯装普通布帘的布帘里。

床单貌似掩盖着的是没什么好掩盖的。布帘后面什么都没有；但是我们应当这样来看待这个"什么都没有"：布帘后面藏着幻想。布帘让人可以自由联想。这也是为什么掀开它一定不会有好结果。

梯也尔不光揭穿了那后面没什么好看的，臣民还发现布帘后面权力的秘密在于他们自己的着迷，在于他们面对至高无上的君主其人时的目瞪口呆：**世界的惊奇**。在布帘后面，公民最终找到的是自己。但是，公民自己构成了权力的根基这一发现所带来的后果是致命的。（例如，面对自己的极限而崩溃的自行车运动员。意识到奖牌只不过是自己与自己比赛的借口会产生灾难性的后果。）

对君主权力根基的揭露不仅令幻想与无知寿终正寝，更令以此为核心的秩序土崩瓦解。痴愚显然唯有藏在幕后才能发挥作用。存在，即不被感知。

君主的两个身体

君主之特权应归功于愚蠢的习惯和具有象征意义的仪式。这是构成其权威的神秘根基。要摆脱君主，就只需瓦解赋予其特殊权威的秩序与体系。该体系一旦被揭露，君主权力将不复存在。我们发现其角色空洞且徒有其表，其人平庸无奇。对一个君主而言最残酷的惩罚不是死刑，而是他的臣民对他平等对待。"我不要求你们攻击他或是颠覆他，只要你们不再拥护他，你们就会发现，他将会像根基被抽掉的庞然大物一样，无法承受自身重量而崩塌。"

艾蒂安·德·拉博埃西在《论自我奴役》中，将其具有象征作用与赤裸裸的人区分开来，却没有将一个非常重要的现象考虑其中。象征作用使国王的身体自我复制，一个是可见的、昙花一现的身体，一个是看不见摸不着的身体。君主可感可知的身体不是一下子变成神圣身体的载体的。如果我们把君主当作君主对待足够久，他寻常的特点就会产生变体，为大家所敬仰，成为"惊愕"的对象。（恩斯特·康坎托洛维茨，《国王的两个身体》，巴黎，1989）

身体的脆弱令人为之着迷，在人与神之间架起一座桥梁。荷兰女王骑自行车，这不是世上最正常的事，而是正常得不正常的事。正是作为普通人她才显得如此不同寻常。最傻的也同时是最神圣的。皇室通过最普通不过的行为来表现其权力与自信。通奸、超速驾驶、挥霍、抑郁、酗酒，任何事都为皇室增光添彩。君主越接近于路人，越是被愚蠢而普通的激情所困，就越是至高无上。因此荒唐事对其权力根本就构不成威胁，反而起到巩固作用。甚至连弑君都无法消灭这神秘的身体。这崇高的身体从何而来？这一迷惑力从何而来？

自愿奴役

> 可是这个统治者只有两只眼睛、两只手、一个身体，跟我们无数城市里最普通的居民相比，他没有任何别人没有的东西。他唯一的优势，还是你们给他的，那就是摧毁你们的手段。如果没有你们的眼睛，他哪来这么多眼睛监视你们？如果不是你们把手借给他，他哪来这么多手打你们？
>
> 艾蒂安·德·拉博埃西，《论自我奴役》

要摆脱君主，只需要我们停止把他当作君主来对待："如果你们尝试一下，甚至都不需要有实际行动，只消有这个想法就可以了。"想要自由之人才能获得自由；愿望与愿望的实现密不可分。但是"自由，人们仿佛只是害怕它。因为如果他们想要自由，就可以获得自由；仿佛他们拒绝这一珍贵所得是因为它太过唾手可得"。

我们渴望的是渴望,而不是渴望的满足。满足是渴望的敌人。这也解释了为什么臣民们会掉进自我奴役的陷阱。君主与民主之间的关系也是同样道理。

国王的意愿决定着法律,为我们莽撞轻率的自由和冲动指明方向。至高无上的国王是挽救民主的妙计。我们利用君主——民主的绊脚石——这一充满幻想的角色,揭露了民主的内在失败。国王妨碍了从结构上而言原本就不可能实现的民主的实现。通过这样做,我们抱有幻想,继续认为要不是因为这个绊脚石,我们早就自由了。在这期间,我们不再想着要摆脱国王,因为这会暴露出我们的同一性的虚假本质。君主恰恰是以局外人身份保障民主的。君主——这个唯一的臣民——体现着秩序之不可能。唯有民主与君主的对立才能让民主盛放繁荣。

君主神秘的身体代表的并非人民永远的同一性,而是失败,即民主本身。君主令人着迷的身体其实微不足道,是对民主消极性的积极化。

自我奴役是一种拯救渴望的方法。相反,对权力的向往是一种慢性自杀。

人民的国王

> 皇宫的秘密是没有秘密。

作为臣民,我们有必要保持幻想,相信君主本来就是君主。

意识到他的权力建立在盲目崇拜之上不仅会导致皇权的寿终正寝,还意味着其人民的瓦解。所以君主借助一种民主之外的权力来证明自己权力的合理性：上帝或神秘的历史。随着时间的流逝，所有人最后都会相信。

但这在意识形态终结的时代依然奏效吗？在荷兰，朱丽安娜女王毋庸置疑令人神魂颠倒，为之痴迷，但是贝娅特丽克丝女王却似乎对变体机制丧失了信心，转而在惶惶不安中死死抱住仪式这棵大树。一方面，自从少年时代起，她就太把一切当回事儿了（"我们这种人"），另一方面，她对自己的君权不够自信，无法做到举止自如。她好像在营造一种距离，却适得其反，有证可据：温莎家族。戴安娜王妃，"人民的王妃"，却对这种变体机制有着天生的直觉；所以她才会穿着高级定制的衣服拥抱麻风病人。

（图40）《路易十四讽刺画》，萨克雷。

威廉-亚历山大又是另外一种情况：他好像对自己太过自信了。首先要是君主，然后才可以以无产者自居，而不是反过来。但是还有希望，因为当被问到他以谁为榜样时，他首先这样回答："谁都不是，我就是我。"稍后，他没有提贝娅特丽克丝，而是提到了朱丽安娜女王——真正的人民的女王。

从某种意义上讲，威廉-亚历山大十分适合民主制度。贝娅特丽克丝竭尽全力想要证明自己是一个君主，而王储僵硬刻板的举止行为则令王储其人和国王角色之间不再有任何混淆的可能。老百姓称之为"傻瓜威廉"也不足为奇了。

皇帝的新装

君主立宪制的机制在安徒生的《皇帝的新装》这则童话故事中得到了完美的诠释。两个江湖骗子谎称可以织出世上最轻最薄的亚麻布，轻薄到白痴和无赖根本看不到。由于国王想要知道自己的王国里究竟有谁愚蠢和无能，就向他们定制了一套新装。

笑点就在于这种布当然不存在，国王赤身裸体招摇过市。但是，所有人，包括国王自己，都假装国王穿着衣服，因为谁都不想表现得愚蠢。

君主立宪制的逻辑就在于此。君主制度源自对一种痴愚的掩盖：君主之所以拥有君主的身份，是因为我们当他是君主，而不是因为他生来就有什么至高无上的君主品质；相反：帝王不过是一个普通的凡人，碰巧因为一些不怎么高贵的诸如生育繁衍之类的原因成为人民的统治者。

但是我们佯装君主拥有高贵的品质，并对他纯属形式的角色视而不见：他需要维持秩序。

童话里讲到，皇帝根本无心国事，荒废军队，不懂艺术也不爱休闲，唯独喜好服装。这证明他是一个好皇帝。他知道自己的权力并非建立在精神内容之上，而是建立在外表之上。

然后，为了看看臣民们是不是同样知道，他利用一切公开场合试探他们。只有那些有能力保住面子的人才能胜任他们在社会中的角色。但是，白痴不懂外表的重要性，因此会在皇帝面前做出暴露自己的举动。

孩子的天真无邪战胜了成人世界的装模作样，童话故事被这样解读其实不无谬误。只有孩子、疯子和醉汉才会"无礼"地将事实说出。这就像共和协会的那些头脑清醒的白痴一样，他们只追求未经修饰的事实，却对权力机制一窍不通，而他们自己的地位实际上都归功于此。

共和协会对民主制度构成了一种威胁，不仅仅因为这个俱乐部里从来就没有妇女和外地人的位置，更因为它容不下国王！没有君主，民主将土崩瓦解。

（这方面缺少一部关于现代艺术在看见虚无之物能力中的作用的论著，或者至少是假装看见什么的能力，这是维系文明社会、空想幻觉及其兄弟——礼仪教养——一致性的两大法宝！文化其实就是一系列保全面子的成功尝试。当公众不再费心假装为这些艺术展品而着迷时，民主才真的陷入险境。）

梯也尔也并未断言权力毫无根基。他只不过是陈述事实。白床单是一个征兆：祸从口出，谨言慎行；如果说太多，秩序将灰飞烟灭。凭借这点小聪明，梯也尔将整个宫廷玩弄于股掌之中。他试探公民的想象力，试探他们看见虚无之物的能力或承认自己一窍不通的艺术。国家由假装秩序充分合理的公民所维系。假象支配着秩序。只有白痴才不懂得装白痴的礼仪。

(图41)《皇帝的新装》插图,汉斯·泰格纳。请注意:国王的家族徽章是空白的:根本就不存在家谱。

假想的笨蛋

织工们详细地介绍着他们的亚麻布;他们绘声绘色地描述着上面的颜色和新颖的图案。负责监工的部长把消息转达给皇帝。很快,所有人,尽管看都没看过这些衣服,却都谈论起布料的颜色与质地:"就像蜘蛛网一样轻薄。好像身上什么都没穿一样,但这正是它最大的优点。"

归根究底,这些衣服只不过在口头上存在而已。语言织出了最美妙绝伦的布料。

最重要的不是事实,而是流言飞语。谣言是维系秩序的隐形经络。

只要人们赞美皇帝的新装足够长时间,所有人最后都会相信。从这个角度来看,成为"君主"符合预言自我实现这一逻辑。

但是安徒生的童话更为精妙。臣民们是这样想的：我们又不笨，我们都知道皇帝在光着屁股逛大街。但是肯定有笨蛋坚信君主本质上就是君主。为了避免成为权贵的受害者，最好还是花点力气去赞美皇帝的新装吧。

痴愚的全部问题都可以归结成一句话：笨蛋，永远是别人。我们在假设中的笨蛋的掩护下窃笑，这个假想的笨蛋蠢到相信衣服存在的地步。但是在这期间，这个不存在的笨蛋却决定着我们的言行举止。我们出于谨慎起见对衣服大加赞美，于是我们所有人都变成了自己害怕成为的那个笨蛋。

这就是不存在的笨蛋的悖论，该悖论是有影响的。然而真正的笨蛋不是假想的笨蛋——他不存在——更不是胆小怕事的随大流者，至少后者肯定能够在秩序中谋得一官半职，不是吗？真正的笨蛋是头脑清醒的公民，是那些拒绝相信衣服谣言的人，那些追求赤裸裸的真相的人，拒绝相信不存在的笨蛋所拥有的力量的人。正是此类头脑清醒的笨蛋成为共和协会的成员，最后把脑袋送上案板的。

衰落也始于谣言。观众不说"我看见皇帝赤身裸体"，而是说"他什么都没穿，一个小孩说，那边那个"。在谣言与"别人"的力量之间，有一种强大的关联。黑森侯爵夫人，在梯也尔的故事里，也不说她什么都没看到，而是说别人什么都没看到："我喜欢不喜欢不重要，反正我们的疯婆子不喜欢；跟我们有些侍女一样，她没看到有画，我很担心这是不是一场江湖骗局。"

语言创造幻想又摧毁幻想：摧毁秩序结构的，不是**经验实在**，而是谣言。

Louis XIV. (E760)

(图42)《赤裸皇帝的胜利》,费里希恩·罗普斯。

谁不知道?

可笑的是,所有人,包括皇帝本人,都知道皇帝在光着屁股逛大街。大庭广众之下喊出皇帝光着身子的天真的孩子说出的是所有人心知肚明的事实。但是,如此显而易见的事实一旦挑明为什么会产生如此严重的后果？挑明事实不仅意味着皇帝的倒掉，更意味着以他为基础的整个帝国的倾覆。如果说所有人都知道的话，那到底是谁不知道呢？

经典的答案：国家——由君主所代表的国家——不知道。君主，作为君主，必须耳聋眼瞎外加哑巴；君主作为个人倒是可以爱怎么想就怎么想。将二者混为一谈的人可以进疗养院了，克劳斯王子就是一个例子。

君主必须为了我们保全面子，做足样子，所以，在童话故事里，他继续，镇定自若地，光着屁股逛大街。但是公民们作为臣民，也一样需要玩这个游戏。只要所有人都继续假装君主穿着衣服，人民就仍然是一个整体。（反面教材是《风流军医俏护士》这部电视剧中克林格这个人物；只要大家坚持对他为退役穿裙子的行为视而不见，军纪就能得到维持。）

痴愚三步走

人是一个果实。

P. C. 豪夫特

在彼得·斯劳特戴克和斯拉沃热·齐泽克（《因为他们不知道他们所做的：政治因素的享乐》，巴黎，1990）——一个令我受益匪浅的痴愚学家——的帮助下，我们可以将痴愚分成三个发展阶段。

首先，是**典型痴愚**，特点是彻头彻尾的天真幼稚。
《圣经》给出了十分贴切的建议："主，请原谅他们，因为他们不知道他们所做的。"蠢人对现实的看法与事实不相符。他终日云里雾里,对事实视而不见。把布撕开,事实就赤裸裸地暴露在他们面前。

关于**现代痴愚**,我们可以引用下面这句话:"主,他们不知道他们所做的,不过幸好如此……"布所掩盖的并非事情发展的真实情形,恰恰相反。只要假象不为人知,表象就是真相。恍然大悟不仅会令愚蠢与假象寿终正寝,更将建立其上的整个世界拖入深渊,万劫不复。**存在,即不被感知。**

我们可以借用拉斐尔的《面包师之女》来诠释这条建议。在画中,我们看到一个女人用一层透明薄纱遮住胸部以下的位置。这层纱有什么用呢?经典的答案:薄纱让腹部显得更加诱人。但是仔细看一下,就能发现,其实薄纱是肉色的,可怕的真相就在于此。不是薄纱在掩盖诱人的腹部,而是腹部在掩盖五脏六腑。(这与一则讽刺故事不谋而合:耶稣会士每当碰到漂亮女孩或男孩时,就会不停地自言自语:人类不过是个装满粪便的皮囊。)简言之,最好不要知道得太多,否则下场就是陷入癫狂。

痴愚的这一形式也早已被超越。上述两种形式的痴愚都建立在一个传统观念之上:白痴不了解真相。如今,我们所面对的是**后现代痴愚**(pomo)[①]:"主,他们不知道他们所做的,但是还是去做。"痴愚仿佛已经过时了。后现代人狡猾透顶,根本不可能被自己的花招欺骗。后现代人是一个头脑清醒的白痴。他深谙表象与存在之间的距离,却只以面具取人。我们已经不能通过将后

[①] 拉丁文中的 pomo(果实)与法语中 postmoderne(后现代)一词的前两个元音音节刚好一致,作者在这里暗示两者之间存在着某种联系。

(图43)无名氏,《世界的面具被撕下》,1646,衬页,阿德里安·波伊尔特斯。摘自德容,《关于意义的问题》,莱顿,1995。世界夫人的面具被撕下,后面藏着的是美杜莎。这个被隐藏的真相有可能令我们陷入瘫痪。

现代与其盲目的使命,与它所不知道的事进行对比的方式来证明自己的言之有理了,因为**后现代**已经提前把这种距离纳入考虑范围了。

例如政治。政治人物光明正大地欺骗他的世界;没有人相信他;而且他知道这一点;而且我们知道他知道这一点;而且这个

(图44)拉斐尔,《面包师的女儿》。

他也知道。在这种全知的情形里,痴愚究竟在哪里潜伏呢?如果所有人都知道,那么究竟是谁不知道?

我们貌似已经进入后意识形态时代,但这一结论下得为时过早。**后现代**对初级阶段的痴愚毫发无伤:痴愚作用于真相本身,作用于我们的所作所为,而不是作用于我们所认为的我们的所作所为。

我们十分清楚,在君主权力的背后隐藏着协议与妥协。但是在实践中,我们佯装国王是人民的代表。我们是实践上的白痴。痴愚并不在于思想,而在于"还是要做"。

总之，我们不应该再在心理层面寻找痴愚了；相反，它既与个人无关，也并非出于本能。痴愚体现在日常实践中。它藏身于行动里，所以我们甚至可以把痴愚传给机器。

荣光制造机（无国家担保）

君主立宪制建立在一台国家机器之上，要想弄明白这台机器的运行机制，我们只消瞧一眼荣光制造机就可以了。维利耶·德利尔-阿达姆在同名小说《荣光制造机》（1883）中描写了这样一台机器。

巴蒂比尤斯·波特姆男爵先生，"实用主义的忠实捍卫者"，发明了一台可以用有机方法制造出荣光的机器。如何通过一台机器（有形的工具）获得荣光（精神的目标）呢？为了解决这一问题，波特姆男爵对托儿的秘密进行了分析。这些被雇来为戏剧捧场的观众——"任何荣光都有自己的托儿，也就是它的**影子**，它欺诈、技巧与虚无（因为虚无为万物之源）的一面。"

原则上来讲，一个人笑就足以引领整个剧场。"因为人们不愿说自己是在傻笑，也不愿承认自己在'跟着'别人笑，所以只好承认剧目很好笑，自己很**开心**。"

"托儿"是一个活生生的例子，体现出人群没有能力仅靠自己鉴别出自己所见所闻的价值："托儿之于戏剧的成功就如哭丧妇之于悲痛。"在那些所谓原始社会里，妇女被雇来代替家属在出殡时哭丧。继承人们利用别人履行了自己的义务，而自己则可以腾出时间精力来考虑更加实用的事情：争夺遗产。希腊悲剧中的**歌队**也发挥着同样的作用。观众们来到剧院时各自都有自己的心事，无暇体会悲剧人物的感受。但抒情插曲就可以替他们感受同情。

波特姆的使命是用一台可靠的机器来取代托儿。"艰巨的使命！难就难在要在大众的灵魂里发掘情感。抓住这种情感，机器所造荣光雏形的表现形式就能被大众多数所接受并认可。"

波特姆所发明的机器，实际上，是剧场本身。楼厅里镏金的小爱神，包厢的女像柱，从人们口中发出的欢声笑语，低声啜泣或要求返场的安可之声，令每个在剧场上演的剧目都成为经典杰作。还有输送笑气和哭气的管道；包厢里布满了看不见的拳头，随时将观众唤醒，还备齐了供人们扔上舞台的花冠。

这时，一个令人着迷的现象产生了，它说明了鼓掌机的合理性。个体不喜欢与公众舆论背道而驰。人人都坚信这样的金科玉律："这个人成功了，所以他——不管笨蛋与嫉妒的人怎么说——一定思想崇高，才华横溢。[……]我们不如就站到他这一边吧，就算是为了让自己不至于看上去像个白痴。这就是弥漫在剧场的内心独白[……]。

"所以观众——无论他有多么冷漠——受所见所闻的影响，都会轻易被热烈的大氛围所带动。这就是环境的力量。现在轮到他掌声雷动，信心满满了。他就跟往常一样，同意大多数人的意见。而且，如果可以，由于害怕引起别人的注意，他会发出比机器还要响亮的声音。

"荣光真的来到剧院了。然后波特姆的机器虚幻的一面真真切切地融入真正的光辉灿烂之中，消失得无影无踪了。"

有人也打算将荣光制造机用于议会……

现代礼仪

> 在"女王日"这一天，四处洋溢着跟任何人都无关的喜悦。
>
> 西蒙·卡米格尔

君权是什么？批评家们认为，君权无非就是排场。拥护君主政体者们认为，提到皇室的名字，人们的敬意便油然而生，这就是君权。我们认为，君权是尽人皆知的符号：国歌、国旗、纪念陶器等。君主所带来的"衍生品"越多，君主的君权就越大，就越值得尊敬。

为歌颂君主立宪制，今天的我们拥有一台加强版荣光制造机：电视。时至今日，我们依然以人民之名指定一个村庄以向女王致敬。到访全程由电视直播报道。但是按道理，我们其实可以每天播放同一个报道。知道电视在传播敬意，所以我们可以心安理得地关上电视。

那么，是谁愚蠢？如果所有人都知道，到底谁不知道？群体行为、庆典仪式中隐藏的痴愚被传给了电视。电视替我们愚蠢；它在履行着维持社会一致性的义务。电视对推理论证无动于衷。君主立宪制的未来也因此得到了保障。

千万别误解：我不是在批评君主制度或民主制度，也绝对不是在批评这两个庞然大物在君主政体中的结合。我更不是在为荒谬愚蠢撰写辩护词。我观察到仪式幻想的必要性，多亏这些仪式幻想，我们才得以驾驭存在的固有痴愚。还必须时刻清醒地意识到世界虚幻的特质。人人都觉得毋庸置疑之处，正是真正的痴愚大行其道之地。

附件：笑声音效机

与维利耶一脉相承，齐泽克解释了电视里笑声音效机的运行原理。为什么要有这些笑？首先，为了提醒我们什么时候该笑。笑是一种义务。**在该笑的时候笑是一种智慧。**通过笑，你向旁人表示自己听懂了笑话，表示自己是个称职的伙伴。笑在知情人之间架起了桥梁。我们假装这很好笑，而这种假装进一步增强了群体成员之间的凝聚力。

但还不只如此；实际上，大部分时间里，我们并不笑。但是没关系，因为笑声音效机将我们从笑的义务中解放了出来。它替我们笑。即使我们心不在焉，即使我们漫不经心地扫着屏幕，我们始终可以在事后表示，在机器的帮助下，节目让我们非常开心。在此期间，我们尽可以去考虑其他随便什么事情，走神，任思绪游走，同情演员——什么都行。

维利耶·德利尔-阿达姆笔下的另外一个英雄人物阿克塞尔曾经有一句名言："生活，仆人们会替我们做这件事。"心中铭记这一宣言，我们可以说：笑、哭、同情，机器会替我们做这些事。机器履行那些维系着世界一致性的愚蠢的义务。

而且，几年前，我们曾经对观看使用笑声音效机的滑稽节目的电视观众作过一个研究。结果是，在事后，观众感觉自己好像曾开怀大笑，但是录像表明的事实则恰恰相反。

我们带着一丝嘲讽去看待电视里的世界。我们是头脑清醒的笨蛋，蜷缩在沙发椅上。世界替我们愚蠢。这样，在此期间，面对世界，我们可以表现得充满智慧。我们用讽刺的眼光审视愚蠢

君主立宪制必要的愚蠢（现代王子宝鉴） | *173*

（图45）古姆巴，《难熬的时间》，德哈莫尼出版社，1998。

的节目。

与此同时，这个天大的笑话却决定着我们的行为举止，包括认为世界是愚蠢的，认为我们是头脑清醒的观众的这些想法。

第八章　达尔文奖

高级痴愚

定义

> 达尔文主义：强者生存。什么是强者？不是肌肉最发达的；不是最狡猾的——孱弱与蠢事盛行。力量唯有在生存之中才能得到体现。所以"力量"只不过是"生存"的另外一个名称。达尔文主义：幸存者生存。
>
> 查尔斯·福特

达尔文奖每年都通过网络颁发。得奖者是那些以愚蠢得惊世骇俗的方式离开人世从而为进化作出巨大贡献的人。他们的蠢事毋庸置疑是一种美德。他们通过将自己低能的基因从繁殖过程中剔除，亲力亲为达尔文主义。由于冠军全是死人，这个奖从来都无人认领。

近几年来，那些因为愚蠢而让自己以各种形式失去生育能力的人也可以参加评奖了。

为了能将铺天盖地的各类蠢事理出头绪，一种百科全书分类法被引入。通过这个方法，候选人们可以按照类别进行注册：运动与休闲、工作与职业、武器与爆炸物、爱情、自杀、打猎、犯罪与惩罚、交通运输、宗教、医疗。注意：道听途说不在此列，参选的死亡案例都是在警察局里备案的。

冠军有：

阿伯拉罕·莫斯莱，四十六岁，一个咽喉癌患者。在佛罗里达的一家医院，他想要点燃一支雪茄，却点着了咽喉部位的绷带和他的睡衣。由于声带已经被切除，他无法呼救，最后活活烧死在自己的床上。好样的！

一个弹性绳索蹦极爱好者将自己绳索的长度与峡谷的高度进行了比较，但就是忘记了绳索是有弹性的。另一个人更厉害。他用章鱼触手编成的绳索蹦极并因此身亡，并非因为章鱼触手断了，而是同样因为他忘记了将触手的弹性考虑在内。

一个"基督教派"的洛杉矶负责人每天都练习像耶稣一样在水上行走。1999年11月24日，他在浴缸练习水上行走时意外身亡；他踩到一块香皂滑倒了。

三个驾驶飞机低空飞行的巴西人决定给对面飞机里的飞行员"露下屁股"；他们的飞机失去控制而坠毁。被发现时，他们三个骑在座位上，裤子褪到了脚踝上，都已经断了气。

首个奖于 2003 年颁给了艾芙瑞·桑切斯。他使用高尔夫俱乐部的洗球机洗自己的"球球"。他脱掉裤子，坐在机器上，让阴囊垂到机器里，然后他的朋友把机器开动。当他的阴囊卡在机器里时，他从机器上摔了下来，皮开肉绽，一个睾丸被吸进机器，另外一个被压碎。摔下来时，他还弄断了一根昂贵的高尔夫

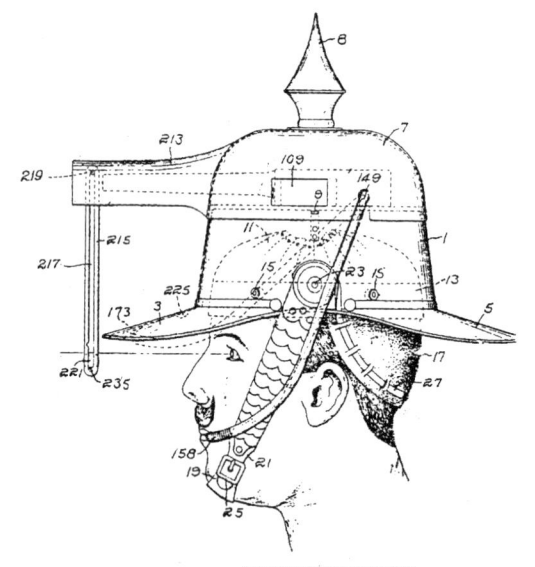

BRITISH PATENT OFFICE
Convention Date (United States), July 14, 1915.
Application Date (United Kingdom), July 11, 1916.
No. 9759 16.

(图 46)[①] 艾伯特·普拉特设计的专利射击帽，1915。克莱夫·安德森，伊恩·布朗，《专利之谬》，伦敦，迈克尔·约瑟夫出版社，1994。

---

① 图中文字：第一行：英国专利办公室。第二行：公约日期（美国），1915 年 7 月 14 日。第三行：生效日期（英国），1916 年 7 月 11 日。

球杆。

最受青睐的还属林登市的艾伯特·普拉特所设计的射击帽。咬一下绳子，士兵就可以从自己的帽子里射出一颗子弹。谜：第一颗子弹射出时，巨大的反冲力很可能会折断这只可怜的小白鼠的脖子，这样的专利究竟是怎么获得的？这个帽子是一种获得专利的自杀工具。

让我们向这些获奖者致以崇高的敬意！这些令人瞠目结舌的案例以怪诞可笑的方式诠释了对我们文化发展起到促进作用的痴愚。

作为我们文明根基的痴愚

痴愚，是无意识的自我毁灭。是逆一切逻辑行事。是一种做有悖于自己利益之事的能力，其极端后果就是死亡。这是典型的人类所特有的天赋。首先，人类是唯一如此愚蠢，以至于在出生时便以号啕大哭吸引野兽的动物。另外，初到世上的人红里透着紫，根本不可能藏身树丛之中。人类也是少有的几种无法出生后就立即行走的哺乳动物之一。

更可怕的是：与拥有生存直觉的动物相反，人有一时心血来潮就拿自己乃至整个物种的生命去冒险的才能。为了一个虚无缥缈的种族、国家或宗教观念，我们会心甘情愿地牺牲掉自己与亲朋好友。

一方面，痴愚每天都在威胁着我们的文化，另一方面，痴愚又构成了我们存在的神秘根基。因此，为了不被自己的痴愚所打倒，人不得不开发自己的智力。为战胜痴愚所采取的一切攻略构成了我们的文明。为制服那无处不在、无时不在的具有自我毁灭性的痴愚，人们进行了不懈且徒劳的努力，而文化就是该努力的结晶。

爆炸性混合物

痴愚迫使人类不得不开发自己的智力，但智力却无法为生存提供任何保障。更可怕的是：智力甚至令痴愚更加强大。该混合物的爆炸力在战争时期体现得淋漓尽致；而在"潜在内战"——即交通事故——中，也能寻得到它的踪影。仅仅在荷兰，每年就有上千人死于交通肇事，更不用说数以万计的伤者了。（参加残奥会的运动员百分之七十都是交通肇事的受害者。）这是一场长期的慢性灾难，是一系列的小灾小难，与飞机坠毁比起来，它们不会给人留下很深的印象。

痴愚加智慧所组成的爆炸性混合物在技术发展中也占有一席之地，例如：

有安全气囊和安全带的汽车驾驶者平均车速要高百分之二十。

建设高速公路促进了车辆流通，高速公路越宽，堵车越频繁。斑马线容易诱发交通事故。

为了防止司机破坏雷达，安装了监控雷达的雷达。

保护乘客的车身越坚固，从车里救出伤者就越耗时。

低尼古丁含量的香烟令香烟消费量翻了一番。

节能灯最常被用于奢侈的花园照明中。

空调加剧了温室效应和对臭氧层的破坏；为办公室降温造成了大气层升温，后者进而又加大了空调的使用量。痴愚的恶性循环真是令人赞叹不已。

为慢跑爱好者设计的专门用来保护膝盖的跑步鞋会导致髋关节损伤。

为保护脚踝而设计的高帮滑雪鞋导致腿部骨折几率提高。

自从个人计算机得到普及后，办公用纸的消耗量翻了一番。

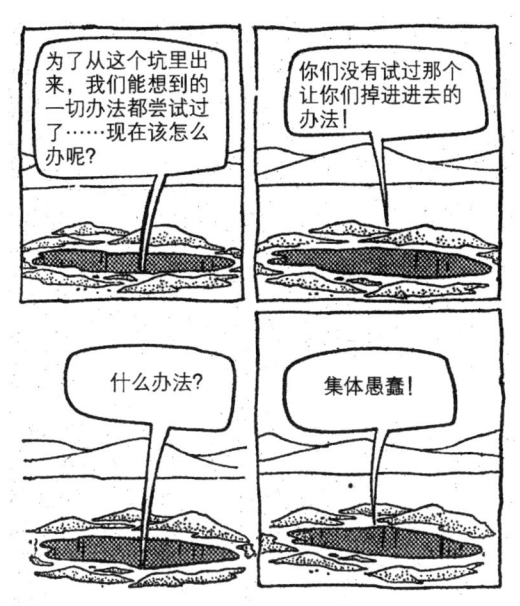

(图47)《嘿!》，B. C.，1958，由约翰·哈特及创作人联合会（© D. R.）授权重新创作。

人们为解决越来越复杂的问题，开发出越来越复杂的软件，结果，最细微的错误都会带来严重的后果。

自来水过滤器是细菌滋生的理想温床。

更好的卫生条件使人对细菌的免疫力降低。

防晒霜能诱发皮肤癌。

福楼拜认为,对痴愚的洞察力是一种"可怕的天赋",会让人失去一切生活的乐趣,但查阅百科全书之人则能学会品味痴愚诗意的华丽。

体现智慧痴愚的地方还不止这些,例如:

疯牛病源于对屠宰场垃圾的回收利用。

健康状况的改善导致人口老化。

对西斯廷教堂内米开朗琪罗所创作的壁画所进行的修复令大量游客蜂拥而至,空气湿度、温度和空气含硫量上升,在教堂内部形成一种酸雨效应。修复导致了污染。

因为害怕自行车被偷,许多荷兰人选择把自行车留在家里,步行外出。

由于交通拥堵,阿姆斯特丹的家长们不再允许孩子在街上玩;因此,他们开车带孩子去城外的游乐场散心。

51路有轨电车——阿姆斯特丹所谓的快线——经常开过人满为患的车站而不停车。针对用户投诉,城市交通部门回复说,如果有轨电车每站都停车上客会令线路管理陷入混乱。

政府组织的小学生减肥活动与体育教师人数削减同步进行。

把钱花在建青年教养中心上,结果没钱建青年活动中心。

反恐斗争所牺牲的基本权利恰恰是恐怖分子所侵害的那些。

慢跑锻炼者平均寿命比非慢跑锻炼者长三年——如果他们坚持在五十五年的时间里平均每周花十个小时运动(跑前热身与跑后放松包括在内)——而这总共要花掉他们三年的时间。

在亚马孙地区建造图库鲁伊水电站时,森林没有被砍伐掉,结果水质遭到了污染。在水下，树木每年产生七百万到一千万吨二氧化碳与甲烷（比一个两千多万人口的圣保罗市的总排放量还要多）。多年来，许多配备了切割机的蛙人被雇来砍伐被淹没水底的树林。

复活节岛的居民们在将近五百年的时间里不断砍伐树木，用来在海边建造巨型石头雕像，以祭奠祖先，祈求神灵保护他们的文明不受外来灾难的侵害，结果，整个岛屿的树木在大约公元1600年时几乎被伐光。随着小船与木柴的消失，金枪鱼与海龟也从居民的菜单中消失。这两种食物是岛上主要的蛋白质来源，它们的消失导致了岛民的自相残杀，同类相食。

智慧痴愚的顶峰：荷兰。直到大约公元900年，荷兰还比海平面高出几米。人口过多迫使居民开发广阔的泥炭土穹丘。水自然向下流淌，汇入河流但也导致了下沉与泥炭层氧化。穹顶不堪自重而崩塌。其后果是，三个世纪以后，整个国家下沉到海平面以下。痴愚驱使居民：（1）开发出一套精妙绝伦的防洪堤坝闸门体系；（2）通力合作（民主的萌芽）；（3）发明创造新的行业；土壤的盐渍化迫使人们从农业转向对人力要求较少的畜牧业，结果导致失业骤增。许多农民前往城市从事新型手工业、船舶建造、进出口。就这样，痴愚带领人们直达黄金时代。归根究底，荷兰文化的根基，并非与水之争，而是痴愚。

消灭威胁生命的痴愚，就必然消灭人本身；这很可能是一种双重痴愚。唯一的解决办法就是不断地发明新的策略以牵制痴愚。

从这个角度来看，痴愚是我们文明的原动力。

结之人，或投影学

失控

自然到文化的过渡是如何发生的？所有关于人类起源，具有哲学思辨的神话传说都提到过一次灾难，一种进化过程中的根本断裂。

唯物论的支持者们提出，或许存在一个神秘的过渡阶段，在这个阶段，人已经不再是动物，但尚未成为一种理性的存在。疯狂、失控与极度错乱迫使人这种动物开发他们的**逻各斯**，以降低损失，这一切连自然自己都措手不及。黑格尔以"黑人"为例子，谈到粗俗；康德止步于儿童的野蛮，认为它应当被征服；而弗洛伊德提出每个人身上都可能存在一种死亡的冲动。

但是，唯心主义的拥护者们则认为，由于逻各斯的引入，灾难即将降临，首先就是更高级存在的介入。普罗米修斯**用战车火轮之火点燃他的火炬**，并将天火赠与人类。天火象征着"照亮无知者心灵的知识之光"，而代价就是自己的幸福与心灵的宁静。（卜伽丘，《异教诸神谱系》）。撒旦引诱亚当与夏娃去偷食知识之树禁果。在获得逻各斯之后，仿佛一切都不再是必然的了。人们通常认为，由于其固有的残缺性、局限性及其稍纵即逝的特点，人不可能成为彻底理性的动物。实际上，与这种陈词滥调所宣称的恰恰相反，正是逻各斯在阻止人成为人。与盲目跟随直觉的动物相反，人是自己的结构性陌生人。

逻各斯是一种寄生虫，让人这种动物的生活节奏紊乱，并赋予其自主评价能力。它用我们对自然需求完全麻木的格式化机制取代了情感与无意识的念头，而这样一来的结果就是导致了"压力"的产生。人类化是一种致残的过程，家养浣熊、鹦鹉、鱼和其他一些动物中所出现的神经官能症就可以证明这一点。例如：受过训练的马会驮载着自己的主人，直到死去。英雄般的坐骑已经毫无动物的特点，反而将其具有自我毁灭性的痴愚以最光辉荣耀的方式体现了出来。

两大学派都意味着对自然——神秘法则的违背。旨在保全自己的动物的自我主义蜕变成一种具有自我毁灭性的自私主义，让自然饱受其心血来潮之苦。人被打上了痴愚的烙印。但逻各斯究竟是痴愚的结果还是痴愚的根源？

禁果

思考痴愚究竟先于理性还是晚于理性是具有误导性的。仿佛在逻各斯与痴愚之间存在某种界限。举原罪做例子吧；吃了让人能分辨善恶的知识树之果，亚当拥有了理解力，在此基础之上，他后知后觉地回溯过去，意识到自己的行为愚蠢恶劣到无法原谅的地步。鉴于对不成文法的这一违抗，人自诞生之日起就是清楚自己所犯错误的动物；哭、笑以及惊讶的诞生均体现出这一点。

圣愚

智慧之痴愚唯有置身智慧之外才能被理解；这一革命性的观念非圣愚与欣喜若狂的神秘主义者莫属。论证智慧之痴愚的人创造出一种无人当真的另类智慧。

给最蠢的人

倒骑着驴，阿凡提进了阿克谢希尔村。他经过茶馆树荫下坐着的三个牧羊人面前，从破外套里掏出一枚金币扔到他们中间，说道："给最蠢的人。"三个人争先恐后讲着自己的糗事，试图证明自己的愚蠢。第一个人说他用一块石头拍死了自己额头上的苍蝇。这跟我的愚蠢比起来根本算不了什么，第二个人说，我种了盐。这跟我的愚蠢比起来根本算不了什么，第三个人说，我找不到自己正骑着的驴。直到太阳下山，他们还在不断充实着他们的蠢事清单。直到最后，他们意识到自己经过思考的争辩恰好妨碍了他们找到有力证据，证明自己的愚蠢。于是，他们把金币还给了阿凡提，阿凡提则感谢他们陪他度过了一个很轻松愉快的下午。繁星点点的夜空下，阿凡提继续他的乐善好施之行。

达尔文荣誉奖

痴愚并非一种更高的权力，在幕后安排我们的失败，而是我们思维方式的内在属性。痴愚并非所有被我们搞砸之事的终极解释，相反，恰恰是它，让我们无法把所有的失败都塞进同一个篮子。

从表面上看，痴愚阻碍了逻各斯的圆满成功。但是，我们应当反过来看问题：逻各斯存在且只存在于为钳制思维过程的固有痴愚所进行的一系列徒劳无功的尝试之中。简单来说吧：逻各斯之所以能保持其一致性，归功于不断破坏它的痴愚。痴愚的终结将意味着人类作为理性存在的终结。这也是为什么痴愚——进化中缺失的一环——应当获得达尔文荣誉奖。

西班牙的城堡

有一天有一个人说要想把地球抬起来，只需要找到一个支点以便使用杠杆：因此，我，为尝试动摇一种完美的思想，也需要找到一个支点，这就是痴愚。

斯坦尼斯拉夫·莱姆，《赛博利亚特》

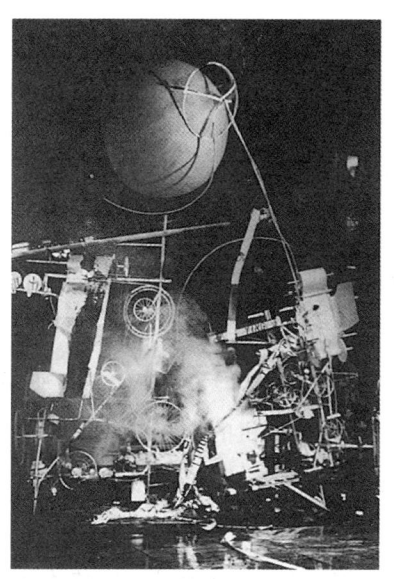

（图48）让·丁格力，《向纽约致敬》，1960，合作者贝尔德雷特，阿姆斯特丹，2006。(© ADAGP, Paris, 2010)

痴愚在我们的思维过程中根深蒂固。痴愚是那难以捉摸的核心，既是可能性的必要条件，同时又是不可能性的必要条件；既是能量之源，同时又对我们的存在构成永恒的威胁。如果没有痴愚，逻各斯很可能会粉身碎骨。它让我们有能力建立起最基本的认同，尽管它残缺不堪。但是，一旦占了上风，痴愚就会立即摇身一变，从有益的冲动蜕变成摧毁一切的力量。

在比照理性的各种耳熟能详的特征将其对号入座之前，在根据后天经验认为其合乎逻辑之前，我们还应当再进一步，去解读**逻各斯**的非理性动力。一切我们试图借以抓住真相的方法都是结构性愚蠢的方法。一切尝试赋予无意义以意义的尝试都是无意义的疯狂举动。强加秩序，会带来不可救药的无序。

痴愚与逻各斯如影随形，仿佛那不为人知的原罪无时无刻不在驱使着人类去证明自己。一旦开始思考，我们就不知所措，而且不得不用耍花招的方式来搭建我们幻想中的城堡。

就这样，一种愚蠢的观点顷刻间就能变成智慧。一种蔑视一切智慧的行为转眼间就能具有绝顶智慧的价值。

这台悖论机器的所有零件现已全部凑齐。在本书中，我们继承拉曼·尤依的《组合术》，经院哲学的"**驴桥**"以及**乌力波**（潜在文学工场）格言生成机的传统，已经将这些零件多次细细把玩。我们从一边输入现实，民间谚语就从另一边出来。（有时我会突发奇想以台历上的谚语警句为素材写一部人生哲学。）

我们还可以举瑞士造型艺术家让·丁格力作为例子。他的名为《向纽约致敬》的作品被设计成自我毁灭模式。通过故意设定机器的寿命，丁格力意图打破束缚着艺术品的标准。1960年3月17日，该过程在纽约现代艺术博物馆展出，可谓一次成功的失败，因为这个含有自行车轮子、链条和一架拆开的钢琴的庞然大物提前就散了架。

比里当之驴

> 笨蛋总在规划生活。

智慧在于选择，这不言而喻。上述两则故事貌似体现的是两种愚蠢的决定；实际上，它们体现出的是作用于每个决定之上的愚蠢。

在我面前有一篮子苹果，我可以从中挑选一个。自由——毫无外界因素的约束——在于在权衡利弊之后作出一个决定。但是，在某些时候，我必须砍断戈耳狄俄斯之结，作个了结。否则我的下场就会跟比里当之驴一样，面对两堆一模一样的干草，不知吃哪堆是好而最后饿死。

任何选择都会遇到那么一个瓶颈，这时候，不充分理由原则——没有什么特殊的理由，我做了就是做了——打破因果关系的链条。当我们盲目地从诸多方面中选其一而舍其他时，世界会因此而改变。说得更严重些：我们每作一次选择，都打开了痴愚的深渊。一切智慧的行动都意味着面向不确定的跳跃。

微不足道的区别

阿凡提在一棵无花果树下冥想。在无花果树被闪电击中以后，阿凡提就突然从村庄里销声匿迹了，撇下了他的菜园、他的骆驼、他的房子和他的妻子。绝望的村民们四处寻找他。几个月后，他们在稍远处的一个村庄里发现阿凡提正在一棵无花果树下冥想。他改名换姓在那里生活，有一个菜园、一匹骆驼、一栋房子和一个与他之前的妻子没什么区别的妻子。

故事好像在宣扬一种逆来顺受的道理：人无法躲避自己的命

运,不如接受现实。但问题是,为什么他断绝一切联系,就为了去一个稍微远一点的村庄去过一种几乎没什么区别的生活呢?阿凡提的回答是:在这里,闪电没那么眷顾我。

微不足道的区别让世界截然不同。

投影学

大卫·斯塔·乔丹发明了**投影学**——影子的学问——剑指伪科学的系统化无知。(《更高级无知》,1927)这让我们想到柏拉图著名的洞喻,苏格拉底将人类比喻成一群囚犯,长期戴着镣铐连成一串在一个地下岩洞里生活,背对着洞口。在他们身后很远处有一团火焰在燃烧;火焰将他们中间的物体的影子投射在囚犯们面前的墙上,他们把这些影子视为真正存在的东西。如果我们

(图49)《柏拉图之洞》,铜版画,1604,扬·萨恩列达姆(1565—1607)。阿尔贝蒂娜博物馆,维也纳。

强迫其中一名囚犯走出岩洞，他会因日光而目眩，最后却终于可以直面真相的阳光。

岩洞象征着能够被感知的，可以被观察到的世界。通往上面世界的旅程象征着灵魂提升至领悟圣意的境界。当获释的囚犯重新下到岩洞里时，他的双眼需要重新适应黑暗。当他两眼一抹黑地开始与岩洞的居民就影子与物体展开争论时，他倒变成了十分可笑的人物："你们不觉得他去上面世界的旅行破坏了他的视力吗？"

总而言之，世界一分为二，一半是无知者，一半是傻子。

岩洞的居民们把自己对影子的认识视为真相。而且，他们懂得以影子为对象，在此之上建立起类似于科学的某种东西。柏拉图描写道，那些能够以最快的速度分辨出影子，分析出影子出现的某种顺序、规律、一致性以及能够预测出即将出现什么影子的人，能够得到大家一致的敬佩。投影学与现代科学中的实证主义或实用主义如出一辙，它们同样对研究对象的"本质"或"精髓"毫不关心。投影学甚至有进一步发展的可能，而上帝选中之人所获的神启智慧则并非如此。

柏拉图与投影学家们都对知识心存戒备。感官观察展现给我们的是事物变幻莫测昙花一现的外表。通过将观察结果进行累加，可以总结出一个一般命题，但后者充其量也只不过是稍微大些的或然性而已。柏拉图在永恒不变的理念中探索放之四海而皆准的准则，投影学家却断言由于我们知识的有限，思想不存在任何普世通用的准则。自然科学永远不会有绝对确定的一天。在影子的学问之外别无学问。

结之人

> 人不可自欺。你们中间若有人在这世界自以为有智慧，倒不如变作愚拙，好成为有智慧的。因这世界的智慧，在神看是愚拙。如经上记着说：主叫有智慧的，中了自己的诡计。
>
> 《哥林多前书》，第三章，18—19

进步的后尘中满是被丢弃的智慧，它们仿佛临时陷阱一般包围我们。我们越来越把这一不断打结又解结的过程视为思考活动的一个必要的附件；看穿智慧本身即陷阱则难上加难。智慧是一种痴愚。"形而上派"画家、作家乔治·德·基里科（1888—1978）在《赫布多米洛斯》中列举了一些此类专家："在艺术与文学的这些眼神狐疑皮笑肉不笑的麻烦制造者中间，赫布多米洛斯察觉到某种**连在一起**的东西；他感到某种**结**阻碍着他们随心所欲地活动手脚，跑步，攀登，跳跃，游泳，潜水，风趣睿智地谈话，写作或绘画，总之两个字：**理解**。而且，在这些人里，甚至在那些被视为睿智享有美誉的人中，他也看到了**结和无法理解**；正因为此，**结**对赫布多米洛斯而言远比阴茎勃起符号、双刃锚或双刃斧符号更深奥，更令人焦虑。**结之人**——他这样称呼他们——对于赫布多米洛斯而言是人类痴愚的四处游走的活符号。"

认为智慧之痴愚藏身于有可能扭曲我们世界观的格式化大纲中，是一种误解。而认为智慧是为了能屹立在世界之上，所必需的一种愚蠢的幻想，这一观点也同样深陷智慧与痴愚的对立之中无法自拔。痴愚恰恰是二分法的先头炮。换句话说：二分法即痴愚。

逻各斯是一种极度的偏离，是人类的特性。赫布多米洛斯认为，我们被困在一个**结**中绝望挣扎，唯有死亡才能将它解开："另外，他把人生视为一个巨大的结，唯有死亡才能将它解开；然而，他也把死亡视为一个重新系起的结，唯有降生才能再次将其解开；睡眠对他而言是一个双重结；他认为，结的彻底解开唯有在生死之外的永恒才能获得。"

幸福在傻子们这边

亚里士多德认为，智者一旦开始思索什么是幸福这个问题，就为幸福制造了障碍。千真万确。但哲学家却在思索如何在幸福中找到幸福。

人类的本质

> 连我自己都并非完全理解自己。所以是思想太狭小，无法盛载自己了？那多出来的部分去哪里了呢？会是在思想之外吗？抑或是在思想本身？这一容积的瑕疵又从何而来呢？这不禁令我为之动容。
>
> 圣奥古斯丁，《忏悔录》

对我的身份的发问竖起了一道屏障，阻碍着我认识自己。穿透我审视自己的目光则与此同时改变着我。对自我的认知阻碍着对自我的认知。

痴愚并非思想或意识的缺陷。它既非临床或心理范畴，也非

(图50)《笛卡儿圆柱镜错觉画》。一旦我们将圆柱镜去掉,我们的身份就如同幻象。自我的形象随之坠入无底洞消失得无影无踪。错觉影像象征着"我思"的经验。在将一切疑虑抛到九霄云外之后,笛卡儿达到了思考的零点。自我毁灭性的练习带领他直抵疯狂的边界,但黑暗借理性之光将空间拓宽。最后他终于明白,我们唯独在借助逻各斯规避痴愚的不懈努力中才能存在。我们因荒唐之惶恐焦虑而思考。参见《智愚学》,阿姆斯特丹,2001,第22页。

疾病或是畸形,而是人类存在的一个本体论条件。

痴愚阻碍人类变得理性,同时却为其身份奠定了基础。面对自己的愚蠢所表现出的惊愕正是人作为**"有智慧的人"**的典型特征。人在由于失败而产生的羞耻、愤怒与懊恼中成其为人。而失败则不断地在驱使他进一步证明自己。人在徒劳无功想要成为自己的不懈努力中成其为人。从这个角度来看,人是动物与人之间那缺失的一环。

我们于是置身于一个**结**当中:人在他与阻碍他变成人的痴愚

斗争中成其为人。思考是一种本质上令人心醉神迷的活动：我们的思想的诞生于对人类固有而陌生的痴愚的反抗。"成为你自己。"潘达罗斯说道。但是，人本质即在自我之外。

然而，这个世界上根本就不存在完整的人。就如那位面对自己的极限而崩溃的自行车运动员一样，找到自我之人将永远地迷失自己。除了临终体验之外，最令人惊愕的莫过于临我之体验了。

愚蠢的斯芬克斯

> 我分析每个**逻各斯**。
>
> 俄狄浦斯，在索福克勒斯的《俄狄浦斯王》中

为了逃避先知的预言——他的儿子会杀死他迎娶他的妻子——底比斯国王莱奥斯王用钉子穿透他儿子的脚踝，将其遗弃。一位牧羊人救了孩子并把他带到哥林多，由一对没有孩子的皇室夫妇收留并抚养长大。当听说自己是被收养的弃婴时，俄狄浦斯前去询问先知，后者告诉他，他将杀死自己的父亲，并迎娶自己的母亲。为了逃避先知的预言，他逃往底比斯。逃避行为悲剧性地导致了他预言中的陨落。在一个三岔路口，他杀死了一位与他争论的老人。

底比斯深受斯芬克斯所害。斯芬克斯向路人出谜语。答不出来的人立刻就被扔进深渊。怪物问俄狄浦斯："什么东西早上用四条腿走，中午用两条腿走，晚上用三条腿走？"俄狄浦斯的回答是：人——儿童、成人，然后老人。由于丧失了自己对人所拥

(图51)《俄狄浦斯与斯芬克斯》,让-奥古斯特·多米尼克·安格尔(1780—1867)。

有的权力,斯芬克斯自己跳进了深渊。为表示感激,底比斯人奉俄狄浦斯为王,并将伊俄卡斯忒——莱奥斯王的遗孀——献给俄狄浦斯作为王后。

这个故事被解读为从迷信中的解脱。如今人发现了自己,神话葬身于万丈深渊,逻各斯终于主宰一切。俄狄浦斯幸福地统治了多年,直到一场鼠疫的爆发。先知说,只要杀害莱奥斯王的凶手还在底比斯,鼠疫就不会停止。

下决心要找到凶手,俄狄浦斯坚信助他打败斯芬克斯的逻各斯一定能够让他找到杀人犯,于是开始以理性的方式展开搜索。最后,令这位侦探大吃一惊的是,原来凶手就是他自己。《俄狄浦斯王》是**逻各斯**的悲剧。逆转发生在当他深信不疑的逻辑突然间泄露出他逻辑之愚蠢的时刻。俄狄浦斯在他的理性面前一溃千里。这就提出了一个问题：他给斯芬克斯的答案是正确的吗？

诡辩家狄翁·克利若斯托姆（公元二世纪）认为，斯芬克斯问的，并非人的名称，而是人的本质。俄狄浦斯认为，他找到了谜语的答案，这证明了他懂得人的本质，但这个悲剧的结局却告诉我们人类在黑暗中探索，寻找着他的身份，因在斯芬克斯的谜一般的问题与先知谜一般的答案之间动弹不得。

有关人类本质的这一沉重问题的答案是一个陷阱，一个玩笑，一种变脸，谜语因它而蜕变为自身的答案：人在怪物面前理屈词穷。不知所措恰恰是"**有智慧的人**"的特点。

塞贝斯（公元二世纪）中写道，斯芬克斯即痴愚。

人非圣贤，孰能无过

> 在我身上有一个傻子，我应该对他的错误加以利用。
>
> 保尔·瓦莱里，《笔记》，1910

人非圣贤，孰能无过。这句俗语看似体现了对人性弱点的宽容，但实际上却明确指出了人的特性：人与动物的区别并不在于他更高的智慧，而在于他的痴愚以及深陷于自己幻想之中的能力。跟驴不同，人可以无数次被同一块石头绊倒。人从历史中什么都学不到，却注定要不断重复同样的错误。

另一方面，我们将错误及其耻辱塑造成教堂与公德的支柱。为了适应痴愚，最为大胆的诡计之一就是将牺牲推崇为对他人之爱最高尚的表现方式。因此，殉道者在大多数宗教中都扮演着重要的角色也不足为奇了：痴愚到达了极点。

再举食不果腹的艺术家为例吧。在资源匮乏时期，骄傲的人将美德当作基本需求。饿死被升华为一种主动禁欲，一种道德典范。如今，我们把禁食视为一种审美典范，例如，T台上走秀的厌食症患者们。

科学接受了失败，将其作为通往真相的大道。通过将可驳斥性与可伪造性作为科学可靠性的标准，自我毁灭蜕变为对进步的贡献。科学家需要指明何种实验能够否认其理论的真实有效性。

学术机构对自我清算趋之若鹜。

而且，我们学会了对弥天大错也能甘之如饴。我们在不快感中找到快感。例如悲剧与喜剧。

外星智慧

动物学家采取极为复杂的措施，以最大限度地减少观察人员对动物行为的干扰。但当研究人员研究我们与动物之间的互动时，发现结果大出所料。黑猩猩在学会手语以后，拥有比在野生环境生存所需的基本符号更高的语言及认知能力。这一潜力只有在"非自然"接触时才被激活。这就提出了一个问题：一个超人教育家能够激发出人类的何种潜力呢？

1956年，艾萨克·阿西莫夫创作了《玩笑者》。故事关于诺埃尔·迈尔霍夫大师——一位专门研究玩笑起源的科学家。如何解释几乎一切都能让我们发笑，包括羞辱、通奸，甚至谋杀？关于幽默的书层出不穷："有人说，这是因为我们自我感觉比玩笑中的人物良好。有人则认为这源自于对荒谬的骤然觉醒，抑或压力的突然发泄，再或者对某一事件新颖、意外的解读。那到底有没有一个简单的原因呢？不同的人因不同的笑话而笑。没有通用的笑话。什么笑话都不能把一些人逗笑。但最重要的或许是，人是唯一拥有真正的幽默感的动物：唯一会笑的动物。"

大师指出，我们从不自己发明笑话；笑话都是我们听别人讲的……"总是这样的：'昨天，我听来一个很好笑的'，或者'你这两天没听到什么好笑的笑话吗'。所有的笑话都是老的！〔……〕笑话都是老笑话绝不是纯属巧合。笑话就**应该**是老的，否则就不好笑了。笑话的本质在于它不新颖。"

但是，那么笑话是谁发明的呢？最后还是电脑给出了答案："马尔蒂瓦克说：'来自外星球。'某一个外星大脑发明了笑话，然后在特定的时间地点将它们植入选中的人类大脑中，并想方设法不让任何人意识到自己是知道新笑话的第一人。"所有其他笑话都是这些笑话原型的变体。马尔蒂瓦克认为，笑话被用来研究人类心理。

我们让老鼠在迷宫里寻找出口，并对它们进行研究。"老鼠不知道为什么，即使它们意识到正在发生什么——当然这是不可能的——也依然不会知道。"试验得以进行得益于无知。第二个问题是：一旦我们发现第一个问题的答案，这会为整个人类物种带来什么样的后果？"马尔蒂瓦克说：只要有一个人发现外星人对人类心理的观察，外星人所使用的这个方法就会立即失效。"试验立即结束；幽默感就会丧失，然后再也没有人会笑。"他们可以采用别的方法。"研究员们看着前方，"感到世界正在不断缩小，小到变成一个做试验用的老鼠笼子，笼子里的迷宫已经被拿走，原本放迷宫的地方，有一种什么东西，正要占据那个位置"。

某一种更高级的智慧在幕后神不知鬼不觉地操纵着我们的智慧，而与此同时我们突然发现了荒诞离奇的笑话，这种天马行空的奇思妙想要掩饰的是智慧本身不存在的事实。逻各斯并非一种已然格式化的体系，而是针对由它自己所设置的各种问题、笑话、悖论、迷宫，不断地发展、完善。

穿帮集

英国广播公司最受大众欢迎的一个节目就是《伯母的灯笼内裤》，播出的是一些已经录好却无法播放的电视节目，里面不是背景塌了，就是演员被绊倒了之类的情况。

节目的成功得益于对禁忌的亵渎：成功背后的失败秀。但是这种穿帮集已经丧失了破坏力。我们知道，在良莠不齐的一系列尝试之后，最终获得了成功。曝光甚至令人对结果更加钦佩。更夸张的是：这些穿帮镜头甚至变成了主要的卖点。它们到底有什么魔力呢？

而穿帮镜头背后所隐藏的，是决定谁成谁败的无形机制所扮演的角色。要想知道在幕后提绳操纵的秘密力量是什么，只消想想决定着我们所收看节目的收视率即可，可是，没有人知道替我们评价电视节目收视率的样本究竟是什么。

为维持节目超级好笑的假象，尽管观众们无聊到要死，笑声音效机仍然机械地发出笑声。笑声音效机以更为显著的方式体现了一种愚蠢的体系。甚至在穿帮集中也有笑声音效机，因为制作人对节目的逗笑能力没有信心。这导致了极为怪异的短路现象：一种登峰造极的情况是，喜剧里的笑声音效机在不该笑的时候笑了。但是，就连这个穿帮笑料的播出也伴随着替我们笑的笑声音效机。

喜剧节目的穿帮镜头构成了一个重要的类别。因为，这时，我们笑的是搞砸了的笑话。

幕后的人

最擅长操纵这一秘密协定的冠军即汤米·库珀。观众因库伯一个愚蠢的笑话而大笑，而库伯则借机一边煽动观众笑得更猛烈，一边则心神不宁地瞄着后台，好像剧院院长就在后台监视着他的表演一样。这时候，观众实际上是受鼓动而笑。整个阴谋其实是在哄骗幕后的人。他象征着不为人知的秩序；去后台寻找他的人只会撞见自己。

喜剧的成功取决于笑声，而非笑话的质量。笑是一种社会义务，而笑话只不过是一个借口。

当汤米·库珀在台上去世时，观众正在捧腹大笑。

第二自然

一方面，我们蜷身于一个决定着我们行为举止的法律法规体系中缩手缩脚，这一切，并非是因为这些法律法规既合理又正确，而仅仅是因为它们是法律和法规而已。另一方面，通过盲目地遵守风俗习惯以及重复愚蠢的习惯性动作，我们可以腾出精力给更有用的事。习惯把我们从事事思考当中解放出来。如果没有固定的参考值，我们就必须事必躬亲，具体问题具体分析。得益于调节双方关系张弛度的礼仪规矩，我们得以专注于对话。只有在不假思索地遵循语法规则时，我们才能够流畅地说话。辩术产生的套话为我们设定了思维模式。而思维唯有当逻辑规则变成第二自然之时才能获得解放。

我们的文化皆因无知才得以存在。格式化的规则唯有不为人所知才能维持世界的运转。一旦我们意识到机械动作与习惯行为，我们的思维就无法继续自由活动。钢琴家一开始思考指法就会弹错。散步者一留意自己的步伐节奏就会失去平衡。总之，愚蠢的习惯与无拘无束的发展并不对立。真知灼见与常规惯例并不排斥。精神创造力唯有在意念范围之内才能繁荣活跃。思想托痴愚之福才得以放飞驰骋，前提是痴愚必须不为人知，仿佛根本就不存在。痴愚是智力发展的条件。

第十八匹骆驼

一名村民去世，留给他三个孩子十七匹骆驼。根据他的遗愿，老大应当分得一半的遗产，老二应分得三分之一，老三则分得九分之一。三个孩子若想要执行该遗愿，就必须得把骆驼大卸八块。无奈之下，他们前去请教阿凡提。——你们的争吵毫无意义，阿凡提说道。——我现在把我的骆驼借给你们，问题就迎刃而解了。加上他的骆驼之后，总数变成十八匹。他给老大一半，即九匹骆驼，再给老二三分之一，即六匹骆驼，最后再给老三九分之一，即两匹骆驼。加起来总数刚好是十七匹。他收回剩下的一匹骆驼，也就是他自己的骆驼，骑上去走了。

1911年，德国哲学家费英格出版了《"仿佛"哲学》。他在书中提到一些未经论证或无法论证，却在个人、社会及科学领域发挥着显著影响并随即变得多余的"虚构"。我、灵魂、自由、责任，还有礼仪、植物分类、数字零都是一些跟第十八匹骆驼同样有用的虚构。但我们唯有将派过用场之后的附属品摧毁之后才能得到想要的结果。

信徒将虚构与事实混为一谈。他不借助寓言来理解世界,而是尝试借助世界来构建自己的幻想。甚至连一个愚蠢的误会都有可能变成全民膜拜的中心。

圣驴

有些朝圣场所是围绕着一块陨石建造而成的。圣包皮被供奉在全世界的十三个地方(其中三片由加尔文捐赠,分别在普瓦提埃附近的沙鲁修道院、罗马的拉特朗圣若望大殿和萨克森的希尔德斯海姆修道院)。有时,王国的合法性建立在一些比七七四十九层床垫下面那颗让公主无眠的豌豆还微不足道的残骸碎片之上。

假想的痴愚和卫生卷纸

痴愚甚至根本不需要存在就可以发挥作用。在柏林墙倒掉之前,莫斯科常常会出现卫生纸短缺现象。但在某一时刻,突然之间每个人都吃惊地发现商场里的卫生卷纸异常充分。不久,就谣言四起,说卫生纸很快会缺货,人们闻之纷纷涌向商店抢购,结果是,卫生纸很快售罄。这是摘自亚历山大·季诺维耶夫《断裂的高层》的一则自我实现的预言。

信息通畅是否就能避免购买者的此类恐慌行为呢?不能,因为莫斯科人是这样想的:"我非常清楚卫生纸充足,但是肯定有笨蛋会相信谣言;所以我还是有必要去采购一些回来的。"

整个关于痴愚的问题千言万语汇成一句话。没有人足够聪明到能看清自己的痴愚。笨蛋,永远是别人。我们偷偷暗笑那笨到会相信谣言的假想中的笨蛋。但与此同时，这个不存在的笨蛋却决定着我们的行为举止。我们为保险起见跑去商场，结果我们每个人都变成了自己担心成为的那个笨蛋。这就是不存在却依然发挥效应的笨蛋的悖论。

真正的笨蛋既非不存在的那个假想中的笨蛋，亦非那个胆小的购买者，毕竟他最后有纸可用，不是吗？真正的笨蛋是头脑清醒的公民，是那对谣言一笑置之的人，那只满足于经验现实的人，那拒绝相信不存在的愚蠢力量的人。正是这个头脑清醒的笨蛋很快将不得不光着屁股逛大街了。

简言之：痴愚尽管有时并不存在，却依然发挥着作用。我们一切组织形式的运作都得益于痴愚。世界在围绕着无数小幻想与一群深陷其中的笨蛋转动。在耳熟能详的所谓市场的"看不见的手"中，我们也能发现痴愚的力量。如果痴愚与幻想都不在，世界将会土崩瓦解。

等级学

根据彼得原则——"在一个等级制度中，每个职工趋向于上升到他所不能胜任的地位"，一个在某一岗位表现优秀的员工会在一段时间后得到升迁。相对于他的新岗位来说，他没那么胜任。如果他（或她）在此岗位上提高自己的能力，使自己成为同事中最优秀的，他会再次升迁，直到最后因自己能力有限升不动了为止。

该原则在一切按级别、官阶或等级划分的领域，在政界、法院、教育体系以及企业中均得到了印证。随着时间的流逝，社会中的每个位置都由一个无法胜任的人所占据。但普遍性的无能并

(图 52)《智力的提升与衰退》(瓦朗斯,1512)封面。该书是神秘的加泰罗尼亚人拉曼·鲁尔于 1304 年所创作的一部论著。图中我们可以看到三座"智慧之梯"。在左边圆圈的两个同心圆环旁边,我们可以看到一座八级的"智慧之梯",上面按照等级对存在的主要生物链进行了分类。在台阶上的字分别指向右边的例子。我们可以看到:石头、火焰、植物,而狮子则作为动物的例子出现。下层台阶概括了可感知的自然。往上是人,他生活在自然之中,却因上帝赋予的理性而位居高位。再往上一层的天空,上面住着上帝与天使。最后一级通往知识城堡——**至善**。鲁尔在文中解释道:"我们从不完美开始,以便能够提升至完美;反之亦然,我们也可以从完美开始,衰退至不完美。"在站在台阶脚下的新教徒手中所拿的条幅上写着"**整体智慧**",意指他所寻找的"系统概念"。在图片的上方,一面条幅迎风飘扬,上写:"智慧为自己建了一栋房子。"

非社会运行的一种障碍；只要人人都尽力去做自己不擅长的事情，地球就可以继续转动。

领头鱼

想要寻找痴愚的人应当朝机构顶层方向看去。许多鱼成群结队在游动。他们的基因决定他们要跟在领头鱼的身后游动。但是领头鱼又是怎么回事呢？研究人员捕获了一些领头鱼；实验室发现它们都体现出某种基因畸变。人们发现，在领头鱼被捕获之后，一种基因畸变会自动在鱼群中某一条鱼身上发生，而这条鱼随即便取代了原本的领头鱼。

自我高估

普通员工自我感觉比一般人更聪明。与众不同感是我们所共有的。因此，霍布斯在《利维坦》中写道："自然以平等的方式赋予所有人以智力及体力等能力［……］这就是人的本质：无论他们在思想、口才及学识领域感到自己有多么的优于常人，他们仍旧很难相信有许多和他们同样聪明的人存在。这是因为，对自己的思想，他们是在近看，而对别人的思想，他们却是在远观。但这一点与其说证明了人的不平等，不如说证明了人的平等。因为，通常来说，不管平等分配什么，人人都满意于自己的那一份是分配平等再好不过的标志了。"

玛尔卓琳·费布鲁埃里总结道："人人都对自己的智慧感到满意，这证明我们大家都很蠢。"自我高估的直接表现形式即竞争冲动。

羞辱游戏

成/败辩证法在"羞辱"游戏中被发挥到极致。在这个游戏里，每个人报出一本他没读过但他认为别人读过的书的名字。每发现一个没读过这本书的人，就得一分。对输掉游戏的恐惧和被别人视为粗鄙之人的恐惧之间的冲突，恰恰是游戏的关键所在。要赢，就必须让别人看到自己文化修养的不足。在戴维·洛奇的《换位》中，英国文学教授报出的是《哈姆雷特》，犯了严重的错误，因为他虽然赢了游戏，却输了自己的事业。

夸富宴

世界各地，每个角落，都有一种风俗性的愚蠢在占据着我们的文明之巅。它被人类学家称为夸富宴，是加拿大不列颠哥伦比亚夸夸嘉夸族一个印第安部落的传统节日。在节日期间，一个团体通过非常高调隆重的仪式向另一个团体赠送礼物，唯一的目的就是体现其高人一等。接受赠礼的团队如果要捍卫自己的荣誉并保住与之相关的特权，就不得不以更高规模再组织一次夸富宴。后果是：两个团队将部落的财产挥霍一空。

类似习俗的另一个版本更能说明问题。其中一个部落通过以神圣庄严的方式毁掉自己的财富来证明自己根本就不需要这些财富，以此来显示自己的强大。当其中一位首领打破一个铜罐，烧掉一堆被子或凿穿一艘独木舟时，对方就必须作出更严重的自残。（赫伊津哈，《游戏的人》）有的人在这种"尊严与荣誉"的游戏中看到了消费社会的根基。所以，家长会举债为孩子添置名牌服装、运动鞋和iPod，以便孩子们能够应对学校中激烈的攀比之争。

同样的夸富宴，既可以让体系运转，同时也可以颠覆它。为了脱离这一体系，母亲甚至能杀死自己的孩子。夸夸嘉夸族人在杀光自己的动物之后便开始杀自己的女儿。在基督教义中，为让圣灵发扬光大，上帝牺牲了自己的儿子，以便为圣灵建立新的秩序。

头脑清醒的傻子

愚蠢的人并非为满足私欲而未能履行义务之人，而是明知所作所为有损自己的利益仍旧毅然决然一意孤行之人。危险的是那冷静、平和、不可动摇地向目标前进的头脑清醒的傻子。

看门人

只有疯子才能走出城堡，发现它其实不过是一个空中楼阁。一切旨在暴露智慧之痴愚的努力都是一种惊世骇俗的痴愚，让思考无法继续进行。这一不可能的认知唯有通过令思维触礁的紊乱才能实现：即诡辩、笑话与悖论。

绊脚石

为了刁难整日自吹自擂无所不能的贴木儿，阿凡提要求他建造一面他自己也跳不过去的墙。贴木儿该如何是好呢？如果他自己跳不过这面墙，那他就不是无所不能的；如果他能跳过去，那他就没有能力建出足够高的墙。

没有人足够聪明到能够看清自己的痴愚。一方面，我们无法置身智慧之外去证明其愚蠢；另一方面，能够通过出神的方式出离自我并明白其世俗智慧之虚无的人必须借助另一种智慧，想要测试这第二种智慧的痴愚则需要借助第三种智慧，以此类推。试图证明智慧之愚蠢的人会在"自我言及"或无休止的倒退中迷失自己。所以，人高估自己，希望能够看清自己的幻想。我们的智慧是愚蠢的，因为我们无法测定其痴愚。

这个问题令我们联想到上帝之石。魔鬼向万能的上帝发难，要求他创造出一块自己都搬不动的巨石。

完美的上帝是否凌驾于其造物的法则之上？还是他自己也要服从这些法则？如果上帝存在，那他就应该是万能的。如果上帝能够创造出一块石头，一块他自己搬不动的石头，那至少有一件事是他做不到的。如果上帝不能创造出这样一块石头，那至少还是有一件事是他做不到的。如果有什么事是上帝做不到的，那他就不是万能的，那他就不存在。

自我言及的悖论不仅仅是一种经院哲学的游戏，它触及的是形而上学的核心。在这个问题的驱使下，巴西利德在公元二世纪提出一种异端邪说，认为宇宙是不完美的创世神（柏拉图用语）愚蠢而恶毒的即兴创作。

公元十一世纪，这个问题直接导致了反辩证运动，后者将上帝置于理性之外。继德尔图良之后，神学家们不断重复着这一悖论：**荒谬，故我信**（事实上是：荒谬愚蠢且不可能存在）。完美的上帝能够完成不可能之事。如果上帝是万能的，那么他应该能够做一件他做不到的事情。如果上帝能够创造出一块他自己也搬不动的巨石，那么上帝也绝对能够完成另一种不可能之事，即搬起石头。

基督教试图通过引入无穷这一概念来规避该两难推理：以赛亚关于吃素的狮子的梦想有一天终将实现。

(图 53)《智慧之书》(巴黎,1510)插画。左边是福尔图娜(偶然),化身为一个蒙住双眼,坐在一个圆球上保持平衡的女人,圆球下方是万丈深渊。她手持运气之轮,上面有一位国王、一位失势的君主、一个奴隶和一个即将成为君主的人;右边坐着**智慧**,手持一面镜子,稳坐宝座之上。波富勒斯认为,人的痴愚使人远离自己。很久以前,人与神平起平坐,但后来从宝座上掉下来,变得愚蠢:"人是人的对立面。"笨蛋得过且过,挥霍时间。唯有智慧与对自己在宇宙中位置的自知之明才能赋予人生稳定与方向。自明带来对自己的爱——**自爱**:"唯有自明者才成其为人,才能实现自我和谐。"

一位英国评论家认为,直到今天,上帝一直在试图证明其无所不能,均无功而返,其结果是不断扩张中的宇宙。

被诅咒的天堂

我们不断地在痴愚这堵墙上碰壁。痴愚挫败了人类一切试图翻越它的努力。但是,试想假如没有痴愚。我们的奇思妙想很可能全部变成现实;所有人都感知到存在深奥的一致性,理性成为必然且毋庸置疑。随着痴愚一同消失的,是人类的自由与选择的可能性。事物将丧失它们的名称与意义,因为它们全部是平等的。我们将像天使一样生活在光芒万丈的天空中,向往着叛逆;宛如那令人窒息的天堂里的造物,终日为原罪而郁郁寡欢。

偏斜

灾难

一个来自自然,受自然节奏(日出日落、夏去冬来、花开花谢)影响的动物,是如何蜕变成人这种在自己象征性世界的残垣断壁间游走的疯子的呢?

西方文明的原罪——**新时代运动**的老一套观点认为——是以造物中心自居,且剥削利用其他一切生物权力之人的傲慢。这种狂妄自大打乱了宇宙力量原本既已脆弱的平衡,迫使自然迟早重建和谐。生态环境、社会及心理危机是宇宙对自命不凡的人类的报复。唯一可供选择的办法即一种整体论行为,谦逊并心存敬畏地接受我们在生物链中的从属地位以及回归"古老的智慧"。

讽刺的是,人的存在与一种比智慧更加"古老"的灾难相关联。换句话说:"古老的智慧"即痴愚——人类存在的本体论条件。人必然是偏斜的。

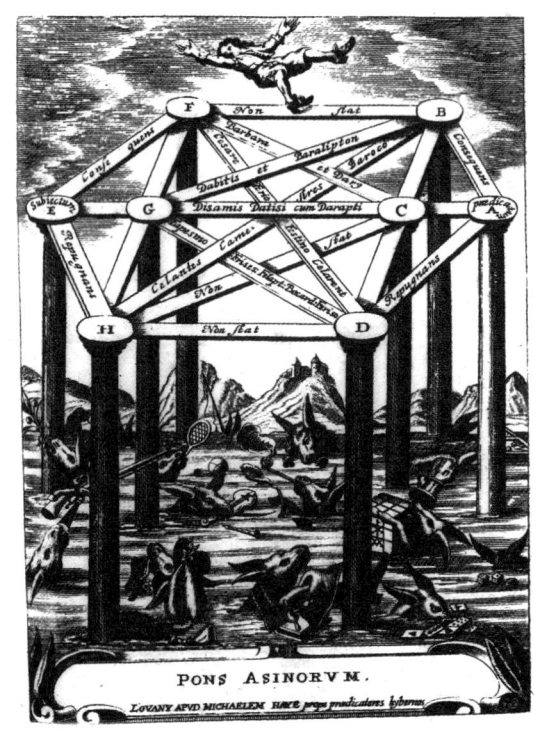

(图54)《驴桥》。驴桥是经院哲学逻辑三段论的一种辩证再现。失足之人会从桥上坠入水池,池中满是嬉水,打牌,掷色子玩拍手游戏,抽烟斗和演奏音乐的驴子,它们玩得不亦乐乎。铜版画,摘自匿名手册,1678,卢万,大学图书馆。

神话

有一种传统观点认为,人生来即结构性地被摧毁,被约束,被损害(圣奥古斯丁提出一种"**受损的人性**")。这种观点一方面促使人们赞美那些打破一切规则的破坏性力量,另一方面又激发人们为容纳一切极端的权威指南进行辩护。

(图55)《认知城堡》封面。科学家罗伯特·雷科德的一部天文学著作。在城堡的正中,认知女王端坐其上。两边塔楼上的是使用星盘和六分仪观测天体的人物。前面是法图姆和福尔图娜。法图姆代表命运、不可预知的未来。法图姆一手拿着罗盘,一手举着浑天仪。命运的浑天仪受认知的指引。右边,福尔图娜一手攥着缰绳,一手拉着系在运气之轮上的绳子。运气之轮受无知的指引。轮子上写着:崛起者即将衰落。根据文字框中所写的,地球由时间与偶然支配,而其他天体则有稳定而恒久的轨道。对天空——认知与真理的宝库——的研究,是一种逃避命运恶作剧的方法。天文学家可以预言事件的发生,并让我们有所准备。但问题是,只有当我们的计划完成之后,命运才显现出来。我们的痴愚、大意、无知随即开始报复反攻,而事实证明我们的认知城堡不过是空中楼阁。

尽管并未明确表示，在本性之存在这个问题上，那些将人定义为迷途动物的人们，或将其视为无情法则的决定论王国，或视其为由宇宙力量所构成的精神世界，因人类傲慢而失衡。

没有任何人发觉其实本性并不存在。

纯粹的偶然

如果真的有什么东西存在，那也是得益于一场灾难。宇宙的存在就是灾难的证明；某种东西在平衡崩溃后从虚无中诞生。随机唯物主义认为，宇宙诞生于原子坠落时发生的一次偶然偏差——偏斜。"在重力作用下，原子直线向下坠入虚无空间；但有时候——不知道什么时候也不知道在什么地方——原子会稍微偏离垂线。其偏离角度如此之小，以至于根本谈不上偏差。如果没有这一偏离，所有的原子，如雨点般，都将不间断地坠入浩瀚无边的虚无空间；永远不会相遇，碰撞，而自然也永不可能诞生。"（卢克莱修，《物性论》，II，217—224）日食的规律性体现的并非某一自然规律，而是一种偶然事件。在混乱无序中随时都有可能发生的一系列事件没有任何理由可以体现出某种规律性。有序是无序的一种特殊情况。某些被我们称为石头、植物或人的原子组合的相对稳定性构成了世界的特征。

卢克莱修认为，偶然是物质本能进行自我构建的"能力"。由于人性与物质一样，都受纯粹的偶然支配，因此，在天然与人为之间，不存在任何本源性的区别。就如社会法则不是为了满足某种历史需求一样，自然法则也并非出于自然或生物需求；两大法则家族之所以存在，完全得益于美丽的巧合。所有存在之物也同样是偶然与脆弱的。一切形式的生命都蕴涵着一场灾难。最细微的变化都有可能意味着存在的终结。随时，自然都有可能因人的干扰或无法预见的自然逻辑而失控。

偏斜是一种自我否定的风险原则，因为偶然永远无法成为推理论证的对象。

不存在

偶然原则导向一种不存在哲学。诡辩家高尔吉亚（前483—前375）曾在其《论自然或不存在》中宣扬过这种思想。高尔吉亚指出，存在什么都不是，因为：（1）无物存在；（2）纵然有物存在，也不行知；（3）纵然可知，也不行说。"存在的东西无法被认知，因为它从不显现，而显现是无效的，因为它无法触及存在的东西。"存在的皆无法被定义，所有能够被定义的皆不存在。

我们的百科知识是对我们所虚构出来的信息的一场蔚为壮观的陈列展。

愚蠢

纯粹偶然的无所不在与"愚蠢"的概念（在希腊语中的原意：同类中唯一的）密不可分。一切存在的东西在时间与空间中都必然是独一无二的。愚蠢难以捉摸。它只能自我指代：此为此而彼为彼。对愚蠢的诠释之所以失败，原因就在于此，因为一切解释都借助于他物，而后者则需要再由第三物担保，以此类推。思想，归根究底，在重言式与疑虑之间游移，在陈词滥调或"别处"及"相异性"国度的天马行空之间摇摆。唯有借助一些除自身人为色彩外什么都解释不了的看法才能接触事物。除此之外，针对理论却毫无微词：理论是虚构的答案，是否定自我成果的斡旋，我们的文明就是例证。

两重性

> 人们习惯将不协调要素的非典型组合称为怪物。就这样，半人马或奇美拉被那些不了解它们的人视为怪物。而我将一切超凡脱俗、无穷无尽的美称为怪物。
>
> 阿尔弗雷德·雅里，《造像者》，1894

蒙田摒弃自然正常状态这一观念。由于缺少一个可以让我们评价另一标准的标准，一切存在皆奇怪（monstrum）（一切在自然概念中不存在的事物）。狄德罗梦想能有一座自然的圣殿，仿佛一座娱乐场，在那里，"人们可以看到自然的常态与有序、偏差、多样及其乖戾"（《百科全书》）。生物分类学被罢黜，人们瞠目结舌。

世界是愚蠢，狭隘，简单，迟钝，毫无意义，无法回避，独一无二，不可理喻，不合逻辑，不可思议的。这对智慧构成了困扰。在不充足现实原则的桎梏下，我们深陷超验的诱惑之中，无法自拔。因为愚蠢的客体什么都给不了我们，只好转而向往不存在的东西。

形而上学者们在试图解释世界时，借助了一些世界之外的原则，诸如理念，诸如精神，再诸如世界之魂。世界被视为一面简陋的镜子，用来反射另外一个世界的样子。借助于这种两重性，存在不再毫无意义，变得可以被解读。

另外一个现实——出于嫉妒，地址保密——可以填补该空白。阿里奥斯托在《疯狂的罗兰》中描写了月球上的一条峡谷，峡谷里存放了所有在地球上丢失的东西，里面不仅有未兑现的承诺和荒废掉的光阴，还有常识：

> 仿佛一种琼浆蜜液
> 不密封即刻就会蒸发。
> 人们看见它被装进形状各异的玻璃瓶内，
> 专为此设计的瓶子容量不小。[……]
> 唯独找不到痴愚，
> 它留在了人间，永远不会离我们而去。

两重性提供了可以不直面残酷现实的借口。世界消失在它本该有的样子之后。艺术与道德所抗拒的既非平庸也非恶毒，而是那被视为可耻与危险的存在之痴愚。

可见的世界不真实，真实的世界不可见，把戏就在于此。怪僻的形而上学者们竭尽全力想要保守一个秘密：没有秘密。

自然、偶然与人为活动

形而上学体系的秘密支柱在于自然的幻想。一直以来，自然一方面被置于偶然的对立面，一方面又被置于人为活动的对立面。自然被视为一个因果关系的封闭系统，满足了生物或精神的需要。

于是，令人尴尬困惑的痴愚被拒之千里，而对偶然的恐惧也被驱散。认为事物背后隐藏着的是秩序与必然性，这种想法总归是令人放心的。

自然的理念同时还有一重道德功能：自然被视为一种纯力量

关系，自发而无害，被人类活动所玷污。在"回归自然"的横幅下，一切非自然的事物都被罢黜。

但是，所有逃离人为活动的尝试都是不自然的。归根究底，自然的理念是所有人为活动最不自然的了，而人为活动之于人则是最自然不过的了。

时机（Kairos）

生命短暂，艺术博大，经验迷惑，时机飞逝。

希波克拉底

(图56)

支配存在的，既非自然也非文化，而是痴愚与人为活动。因此，诡辩学家们颂扬表象、效果与瞬间。希腊语中 kairos 的概念让人联想到会发生某事的意外路径。一切有序的格局都是绝妙巧合的结果。希腊人将有利时机上升至神圣的高度：卡伊洛斯（Kairos）脚踝与肩膀生有翅膀，头发则是前面浓密，后面稀疏：时机一旦出现，我们就要抓住他的头发，否则将为时过晚。他左手拿着一把剃刀，上面架起一台天平；他靠右手食指来感知天平是否偏斜——拉丁语中的 momentum（契机）。时机一到，天平上会留下很明显的刻痕。卡伊洛斯能够化荣为辱，化输为赢，化福为祸，反之亦然。疯癫合时亦有趣味。（贺拉斯，《歌集》，第四卷，第七章，27）

(图57)《福尔图娜演奏，我们跳舞》。摘自纪尧姆·德拉佩里埃，《智愚学》，1553。

诡辩术告诉我们生活由一系列特殊的时机构成，应当适时抓住这些时机。诡辩术将彻底愚蠢的生活视为一场一切皆有可能的历险。诡辩术在存在之变化多端与转瞬即逝中找到了乐趣。对于即兴者而言，生活就是一场盛宴，一种永远非同寻常的境况。

'啪嗒学院

> ……我以我的耳朵打赌
> 他一定在某条路上呆住。
> 一步一步走近等待他的哈—哈，
> 不冲过去根本无法觉察。
>
> 皮隆

'啪嗒学院由阿尔弗雷德·雅里（1873—1907）创建于十九世纪末，其正式成立时间是啪嗒历 84 年侍卫月 22 日，即俗历 1948 年 5 月 11 日。这一非精确学科的协会组织会议供学者们交流意见，出版自己的杂志，并使用自己的永世啪嗒历。

'啪嗒学院名人汇聚，其中有雷蒙·格诺、鲍里斯·维昂、马克斯·恩斯特、尤奈斯库、雅克·普雷维尔、马塞尔·杜尚、陶泊尔、让·杜布菲、斯蒂芬·瑟麦森、胡里奥·科塔萨尔、伊塔洛·卡尔维诺、翁贝托·埃科和法兰西共和国（"世界夫人"）。莫里斯·埃舍尔是唯一作为架空世界的创造者而入选的'啪嗒学院总督。

会员资格还向其他哺乳动物、鱼、两栖动物、植物、矿物等开放。因此，伟大的带角肚脐传令者、图卢兹后化学分部的会

(图58)副总裁与克里木总督之争。

员——名叫克里木的狗——名下也有许多著作。

学院组织严明,有自己的作品,尊崇的神灵有圣拉斐尔(开胃酒)、圣拉扎尔(火车站),还有汉·范米格伦(伪造者),并且使用一种十分正经的科学行话。

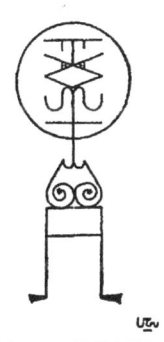

(图59)《用自己名字的字母组成的福斯特罗尔博士》,恩格里克。

福斯特罗尔博士是永世至上总裁；他是雅里同名小说里的主人公。

啪嗒历 124 年众口月 24 日（1997 年 2 月 18 日），卢堂比阁下是内部延聘的副总裁。它根据自己在乌干达做鳄鱼的经验发表了几篇关于人类起源的著作。

啪嗒历 100 年绝对月 1 日，荷兰'啪嗒学院成立了。这个学院又被称为棒嗒学。学院名称并不是一种荷兰语文字游戏，而是一个得到雅里本人认可的概念："棒嗒"一词来自名词"物理鞍"，这个词又出自"物理棒"，即"神秘阴茎"。（参见《反基督的恺撒》）

荷兰'啪嗒学院的主席不是别的，就是备受尊敬的轨道天文台、蒸汽泵、干拓金字塔、弗里斯泰姬陵、特罗斯特考克大教堂、榨干我们所有人的超级机器。

啪嗒历 133 年，荷兰'啪嗒学院的官方机构"离心"成立了。它囊括了德伦特火箭俱乐部（碳化物床）、阴蒂学、虚构艺术家词典、蔬菜同盟、受难儿童保护协会、木头夹子俱乐部、话语学、鹦鹉博物馆（模仿艺术）、灰尘学（研究几个世纪以来的灰尘）、《痴愚百科全书》、希尔伯特旅馆（无穷多间房间但总有新住客）、打哈欠学、意外发现（偶然无心发现的艺术）、遗忘学（漏斗）、红线（搜集从 1990 年 1 月 1 日到 2000 年 12 月 31 日俗历十年的时间里报章杂志中用到"红线"这一比喻的成千上万个句子；这是理解社会结构与走向必不可少的工具）和许多其他门类。

学院还包括一个机器室（里面运行的有亨克·范普顿的自慰机、考美林的赞美机、霍夫兰的西西弗斯机）；一个名为棒嗒儿的会聚了架空世界创造者的组织；一个无活力中心；一个乏味基金会等等。

想象答案的科学

'啪嗒学运用哲学理念对科学发现与技术进步进行检验。因此，雅里发明了挖脑机，开发出永动食物并计算上帝的表面积。

雅里的灵感不仅来自科学，还源自所谓的智愚学家们。维克多·福尔尼埃认为，在所有的语言中，同样的发音代表同样的意思。在他的影响下，雅里提出其基本观点：在所有的语言中，IN-DUS-TRIE（连起来的意思是：工业）都代表1—2—3。

'啪嗒学的学说建立在"七"上，即原则的无穷数。（'啪嗒学的一切定义均是啪嗒学的。）

(1) '啪嗒学是一门想象答案的科学

'啪嗒学家雷蒙·格诺于1950年发表了一篇题为《关于加法的空气动力学特性的若干简评》的论文。因为"直到目前，所有试图证明2+2=4的尝试都没有将风速考虑进去"。

问题是，风暴中，某一个数字有可能被吹得颠倒过来，而小加号也有可能被风吹走，结果有可能会变成2=4。从中得出的实用性总结：一旦感到大气扰动，就最好将空气动力学纳入计算。

研究人员们还研究鲱鱼通过胀气互相联络的方式、自行车的宇宙比例（自行车学）及腋下与阴道的宇宙比例。他们搜集整理出一套空白地图册，致力于虚无地理学的研究。

'啪嗒学颠覆了有关现实是什么与不是什么的一般观念。（幻想是从何时开始不是现实的？）通过这种方式，'啪嗒学为我们打开了通往另一个平行世界的视野。与官方承认的世界相比，这个平行世界同样真实。

在电影《刀卷曲》中，战士们腾空翻转到三十多米的高空交手，随后再回到地面。他们一边打斗看，一边飞檐走壁，直攀塔顶，就是不走楼梯。电影配有一本小册子，上面注明，在禅宗中，重力的作用可以忽略不计。

(2) '啪嗒学研究支配特例的法则

就如科学家们一样，'啪嗒学家（米/小时）用专注而镇定的目光审视一切现象。但科学家求同，'啪嗒学求异，无论对象有多么普通。"尽管人们说科学都是关于普遍性的，'啪嗒学却是关于特殊性的科学。"总而言之，每个现象都是不同寻常的。"我们所认为发现的传统意义上宇宙的法则也是特例的相互关联，只是更为频繁常见而已。这些偶发事件在沦为没有那么特殊的特例以后，甚至毫无独特性的特有魅力。"宇宙即"特例本身"。

'啪嗒学针对使水瓶溢水的那一滴水，压死骆驼的最后一根稻草，开始秃顶的第一根落发，引发雪崩的那一枚雪花进行微观分析，探寻特例的循环性。

'啪嗒学是关于空白与遗漏的知识。意图描述像巴黎一样复杂的事物的科学家会用一张细致入微的交通网将现实的巴黎覆盖，但巴黎的稀奇古怪与不同寻常却会从这张网的缝隙溜走。'啪嗒学研究的是藏匿于缝隙之中的怪物与奇迹，但怪物般的网络同样会成为它的研究对象。

(3)'啪嗒学研究与被认为正常的传统宇宙平行的另一个宇宙

康德将痴愚定义为判断力与幽默风趣的匮乏。

傻子无法跨越横亘在理论与实践之间的鸿沟。他被特例蒙住了双眼,看不清规律,无法从特例中总结出一条普遍规律。相反,就如诡辩家或幽默家一样,啪嗒学家则能够将复杂多样的表现形式汇总到同一类别中。

(4)'啪嗒学肯定对立转化原则

'啪嗒学质疑同一律。在《啪嗒学家福斯特罗尔博士的业绩与卓识:新科学小说》(去世后出版,1911)中,万事通福斯特罗尔博士身边总带着博斯-德-纳热——一个脑袋像狒狒屁股一样的比利时人。他总是用单音节重言式打断主人的话:啊啊。这两个重复的元音"从他那污秽不堪的圆洞中发出"。

"首先,AA 的拼写方式更为合理,因为嘘声送气字母 h 在世界上的古代语言中是不写出来的。[……] A 与 A 一目了然地并列在一起,这就是同一律公式:某物是它自己。同时,这也是对重言式最有力的反驳,因为在我们书写时,两个 A 的空间位置不同;另外在时间上,它们也不同,就好比一对双胞胎不可能同时出生。"

快速发音时,啊啊体现了同一律;慢速发音时,他体现了二元性、回声、距离、对称、量值与时值的概念,体现了善与恶的原则。

与苏格拉底式的对话里谈话对象那貌似空无一物的对白（"是的，苏格拉底"，"的确如此"，"你说得对"）一样，博斯-德-纳热对福斯特罗尔博士的哲学阐述而言不可或缺。凑数者蕴涵了'啪嗒学的精髓。

对立转化原则有两种结果：

(5)'啪嗒学肯定总对等原则

如果 A 是 A 同时又不是 A，那 A 就有可能是 B、C，或者 D 等等。爱神是复仇之神，也很可能就是魔鬼。法律是合法化的罪行，自由即奴役，专制即无政府，知识即合理化的痴愚，理想即堪称完美的赝品。

在此原则之上，世上一切解读方式都是正当的，现实主义者、象征主义者、唯物主义者、精神分析学家等等。雅里的挖脑机可以代表记忆的丧失、衰老、**早发性痴呆**，但同样也可以是一种刑具、一台医疗仪器、一部印刷机、一种生产绞杀智慧的文章的机器，或一台可以让我们摆脱令人焦虑的心理意象的仪器。

(6)'啪嗒学肯定无差别原则

'啪嗒学认为，不存在什么正常或不正常的事物，一切都同样的不同寻常与稀奇古怪。与其他大部分学院不同，'啪嗒学院是一所关于不精确以及没用的科学的学院，该学院没有需要向人类传达的信息。它感到没有任何改善世界的需要，而是张开双臂去拥抱繁杂多样的存在。也无怪乎该学院将一个多面体作为自己的标志。

'啪塔学家以别有用心的眼神审视着所遇到的一切事物。他进行粗野的收藏，欲序却无序，身后留下的是一系列构想的蓝图。'啪塔学家对**一致同意**感到震惊。他们捍卫的是智愚学。

'啪塔学家既非怀疑论者也非相对主义者。声称并不存在可供我们检验自己发明创造的真实性的中立参照点的人才是真正意义上的学究。'啪塔学家化固定点为原动力，用它来化解或整合所有矛盾对立和二级分类：通过这样做，一切喜剧都有了一丝悲伤的意味，而一切悲剧都有了一丝滑稽的意味。如果他偶尔明确表一次态，那毫无疑问会是失礼的举动。

因为他宣扬万物全民的对等。他不需要幽默、论战或讽刺。另外，'啪塔学不反对幽默：幽默可以很有趣，就好比运动可以对健康很有益。

(7) '啪塔学的对立面是'啪塔学

偶然无法被影响，因此应当拒绝哲学的一切实际意义。'啪塔学将一切理论视为对存在之痴愚的对等反应。一切观念均是有意识或是非啪塔学的；区别就在""这个省音符号上。'啪塔学以对立的方式宣布一条真理，该真理的好处在于可以将我们从荒谬有余的幻想中解放出来。

百科全书之痴愚

> 他因愚昧过甚，必走差了路。
>
> 《箴言》5：23

苹果的两面

教会的神甫们认为，造物是一条上至路西法，经由炽天使、智天使、天使长、人类、动物、植物与花朵，下至矿物岩石的生物链。上帝为了人类的幸福在混沌中创造出世界。

两大革命终结了这一宇宙秩序。路西法——等级最高的天使——试图造反谋权而被上帝罚下人间。在途中，他唆使亚当与夏娃偷尝禁果，结果导致他们被逐出天堂。（横向与纵向的这两大逆转构成了耶稣受难的十字架。）造物之巅以及造物核心所发生的地震导致逆转在各个层面层出不穷。从此，不再有人知道自己在周遭一切中的位置与角色究竟是什么。傲慢之罪打开了混乱之门。世界变成了一个**堕落的世界**。

吃了分辨善恶的知识树之果以后，人不仅不再纯真，更失去了对自然的掌控。在试图补救原罪所带来的智慧及道德后果的过程中，人类研究出两大全球性工具：讽刺诗与百科全书。

绝望的勇气

> 我们应当反过来看待世间万物，如果想要正确看待它们

的话。

巴尔塔沙·葛拉西安,《批评家》

讽刺诗试图通过将一切罪恶与堕落发挥到极致的形式来重整堕落的世界。它利用悖论来实现这一目标。在颠倒的世界里,我们看到猪在为屠夫剥皮,盲人为视力正常之人领路,病人治疗身体健康之人。通过夸大恶习流弊,讽刺诗剑指被忽视的秩序。

百科全书同样源自失落的和谐。人类曾经是该和谐的核心组成部分。在目光还未被原罪玷污之前,亚当叫得出事物的名字;词汇字句自然而然地涌上唇边。该原始语言受到大洪水的威胁,并最终消失在巴比伦的混乱之中。(希伯来语有可能是最接近亚当语的语言,但扬·范戈尔普提出,荷兰语曾经是天堂用语,或更确切地说,是迪茨语,特别是安特卫普话。)

(图60)[1]

现代百科全书的奠基人弗朗西斯·培根认为,赋予自己通过

---

[1] 左图文字:牛为屠夫剥皮。右图文字:鱼钓鸟。

运用科学方法重掌自然大权是一种宗教职责。他摒弃将宇宙封闭于先定大纲中的僵化体系。那些将自己的幻想当做世界表象的人玷污了上帝的创造。他提议用观察与实验来取代谬误且败坏的**"剧场假象"**。自然对于那些不带任何偏见走向它的人而言是一本打开的书。培根构思出一套知识百科全书的模板。它既不是所有真理的总和,也非反映绝对的窥镜,而是一种虽有可能出错,却能让我们发现自然之构成的工具,就如语言之于其字母。唯有借助自然之书,我们才能理解生与死的奥秘。

与培根同时代的爱德华·托普塞认为,自然史是"由上帝亲自撰写的编年史,每个生物都是一个词,每个物种都是一句话,而整体则构成一部宏伟的历史,记载着令人赞叹的知识。它曾经存在过,现在存在,以后也仍将继续存在。它或许不会永垂不朽,却会一直走到世界末日"。百科全书编写者的使命就是复原这部失落的编年史。

培根的死敌将知识按字母顺序排序进行归类整理。具有讽刺意味的是,宏伟的自然史已经消失在这种归类之后。字母表令人联想到一种体系,但实际上却极为任意。唯有字母表百科全书才能证明字母顺序是事物的本质所在。如果百科全书想要超越对独立事件的简单编纂,那么所有条目中都应当包含与其他条目的交叉联结。这样,自然才能依照一幅合理的组织结构图表恢复原貌。编辑将可供处理的信息进行编纂组织,直到构造出一幅简洁一致的世界景象。

在启蒙时代,形势有所改变:人们不再追求失落的秩序这一上帝之馈赠;一种真理被未来封存的信念诞生了。时间将会在知识中建立秩序,而这些知识则将构成整个历史。

讽刺诗与百科全书两者都憧憬一种普遍而系统的世界图景。百科全书想要按部就班忠实地复原宇宙秩序。传统讽刺诗则立志将世界翻个底朝天再细细品味。无论是人还是事，都逃不出它的魔爪。

　　其实，这两者的失败早在最初就已经注定。鉴于整个天地万物都被诅咒，讽刺作品作者必须嘲弄蔑视一切，包括他本人和自己的所作所为，而百科全书则通过绘制地图改变了世界的样子。

(图61)[①]

百科全书的鬼魂

　　自二十世纪初以来，讽刺诗与百科全书——对抗痴愚的两大武器——就每况愈下。

　　百科全书为自己亲自激起的知识风暴所害。它被越来越丰富，越来越复杂的海量信息所湮没。进步会赋予知识以秩序的信念，连同其"蛋糕上樱桃"般的综合概括，一并烟消云散了。百科全书缺少一种具有协调作用的方法，以便令往往自相矛盾的信

[①] 左图文字：颠倒的世界。右图文字：在陆地行驶的船舶。

息变得合理化。知识的增长反而使人变得愚蠢。物质干扰精神。素材变得与存在同样无穷而复杂。百科全书原地打了转儿,唯一的差别在于:它从一片充满智慧与无限尚未实现之可能的混沌中起飞,却坠毁在一片智慧贫瘠乏善可陈的垃圾场,原本可供选择的办法如今却成为绊脚石。在这片废墟里游荡着痴愚的鬼魂。

  百科全书不再被用来普及知识。曾经因为看一本就改变世界观的时代已经一去不复返了。它曾经是进步的象征,如今却蜕变为落后的标志,一本半米厚的用皮革装订起来的大部头,一件放在家具里的装饰品,再另加一个罗丹的《沉思者》作为书档。认知的奥秘连同内部发光的地球仪和锈蚀的笔一起成为礼拜仪式的象征,被埋葬和纪念。

讽刺诗的鬼魂

  这些变化同样也对道德领域有所影响。与将希望建立在未来之上的百科全书相反,讽刺诗在过去寻求救赎与永福,而造成的结果则是科学与道德之间的鸿沟越来越深。讽刺诗加剧了原本想要对抗的混乱。为了应对愈演愈烈的混乱,人们不断进行细分再细分,结果却是精神混乱的恶化。诸如善恶之类的概念不断变换着内涵。人们不再能够实现矛盾的和谐统一。讽刺诗丧失了其教育意义,因为作为其根基的标准本身已经变得模糊不清。

  如果没有固定的参照点作为讽刺诗抨击现实的基点,如何才能体现出现实的恶习流弊呢?到底应该以什么作为翻转地球的轴线?如果世界已经陷入癫狂,如何才能将世界颠倒过来呢?亚当与夏娃的子嗣——例如多莉·帕顿和西尔维斯特·史泰龙——已经证明了讽刺与理想并无二致。

讽刺诗与百科全书无能为力。两者均在绝望中努力,试图力挽狂澜,但是只有想法与方法是不够的。似乎仅有痴愚在欣欣向荣。这也是为什么讽刺诗与百科全书应当携手:就这样,《痴愚百科全书》诞生了。

为探索《痴愚百科全书》的写法,我请教了特万·斯洛贝克斯——住在索洛涅的红手罗马尼亚人。我很快将担任索洛涅地区'啪嗒学院智愚分部的教授。这位多题材作家、伊斯兰幽默专家、无墙大门专家和踩高跷专家在《普遍智愚学》(1957)中以毋庸置疑的语气表达了自己远大的理想。

探索方法的百科全书

《痴愚百科全书》是一部不断探索方法的百科全书,希望借助于这些方法,可以将千丝万缕有趣的细节理出头绪。这时,讽刺诗的工作方法可以作为一条主线。

曾经推动知识发展的结构突然成为自己未来发展的绊脚石。知识束缚知识。知识不再令人更加博学,却成为一种戴假面具的无知。为避免被堆积如山的素材压得喘不过气来,《痴愚百科全书》换了一个角度。它不是用格式化的知识去灌输读者,而是尝试实现精神上的净化与陶冶。活的知识在持续的危机中蓬勃发展。

百科全书不再是一部用来概括全部知识的纪念册,而是用来瓦解格式化知识的"不和的苹果"。斯洛贝克斯在提到科学哲学家加斯东·巴什拉时这样说道:"痴愚百科全书蔑视必然、一致、确信,强调精确、差别、修正。我们通过摧毁认知而认知。知识诞生于憎恨与暴力:它被导向反自然、反自我、反过去。进步总追随着冲突、论战与分歧。但是,如果说知识源自激情,就算是令人陷入泥沼的盲目的爱也无所谓。在逻辑违拗症患者的眼中,诸如愤怒、贪婪与嫉妒之类的罪行均为最重要的德行。"

我们认同讽刺诗的力量;思考与嘉年华紧密结合。知识的增长得益于对自我观点的不断破坏与颠覆。学习学习即知道不知道,学习遗忘:自我毁灭性的痴愚作为方法被普遍推广。最重要的并非对成功的欣赏,而是震惊——一种有益身心的惊愕。

探索伦理的讽刺诗

《痴愚百科全书》是一部探索某种伦理的讽刺诗。这时,百科全书的伦理学可以作为主线。

"科学将每个真理都视为可能的真理;它通过区分可靠假设与不可靠假设构建其逻辑关系。其核心为方法之空想:真理并非被视为一个绝对观念,而是被视为一切理性思维的目的。科学探索真理,它欲序而无序。"(斯洛贝克斯)

通过模仿科学,讽刺诗制定出一套试验性的、临时性的伦理。它不再从一个以不变应万变的伦理出发,而是在所有情况下都从零出发,去探索到底什么有效,什么无效。这就是下一步伦理,热情是一切的标准。讽刺诗让现实接受无限可能性的考验,这些可能性能够给人带来灵感与启发。它的伦理是暂时性的,有效期仅保持到创世的下一个动作。

《痴愚百科全书》选择了评论家的方法。评论家对现实进行解剖:他解析现实,一方面是为了颠覆对现实的坚信不疑,另一方面是为了感受现实可能存在的其他形式。他分析日常生活,就仿佛一个专门研究各种生活方式的实验室。一切真理都是一种可能的真理。

他随时随地揭示痴愚所在,不是为了将痴愚斩草除根;痴愚是人类所特有的。对它赶尽杀绝是不人道的。恰恰唯有接纳了痴愚,伦理才能保持宽容。

糖浆

作为讽刺诗,《痴愚百科全书》提出自己的标准与依据以供讨论。善恶对立不再是焦点,取而代之的是矛盾双重性。一方面,它令人无法总结出伦理道德,另一方面,它又是幽默的源泉。而这幽默同样也建立在落单事物之间的一种联系之上。

"讽刺诗将矛盾双重性作为一种嘲讽的工具,来对抗一切向危机发起进攻的新旧理想典范。讽刺诗不再是存在的漫画,也不再翻转世界,而是对隐藏在我们文明核心的倒错进行模仿。讽刺诗告诉人们,一切智慧都包含某种痴愚的东西,反之亦然。简言之,一切皆腐化。它在世界之谜的各种答案中斡旋游走,挑拨离间,以消灭其以真理自居的傲气。"

但是讽刺诗的道德意图远远不只是批判。讽刺诗所运用的嘲讽以间接的方式直指乌托邦。一切颠覆都宣告了一个凌驾于传统二分法之上的未知目标。《痴愚百科全书》在矛盾对立的总和中探索真理,与喜剧有着异曲同工之妙。它偏爱"精妙的痴愚"这个矛盾形容短语也不足为奇了,实在是恰到好处。它觊觎一种糖浆状的二重性,寄希望于一种新的意义终有一天能够凝聚成形。

错误主义

作为百科全书,《痴愚百科全书》分析所有为让存在变得明白易懂而进行的努力。在《痴愚百科全书》中，宗教、形而上学以及科学并非以知识进步阶段的形象示人，而是被刻画成为征服无所不在的痴愚而进行的混乱无序的努力。

唯有在我们提供的专门舞台之上，矛盾才能统一。因此，百科全书之痴愚之百科全书应运而生。唯有每个漏洞与缺陷都成功地得到诠释，其总和才能成功。凭借这一点，《痴愚百科全书》拥有了令其他"积极正面的"百科全书所艳羡的严密一致性。

唯有不断提醒自己其自身不可能性的百科全书才能避免恐慌（永无止境地添加）及其对立面愚钝（在书柜中落满灰尘的合上的书）。《痴愚百科全书》以对于百科全书而言极为欢庆的方式展示了自己的失败。

歌颂自己的痴愚并不意味着撤销，也并非一次注定失败的汇总百科全书的新的尝试。荒谬的《痴愚百科全书》恰恰象征了百科全书的痴愚，象征了作为痴愚本身的百科全书，象征了作为一系列尝试的百科全书，这些尝试试图征服思维过程的特有障碍，征服幻想、恶习与谎言，却始终徒劳无功。从这个角度来看，《痴愚百科全书》提供了科学之链缺失的一环，后者恰恰是可以将所有知识连成一体的那苦苦求索而不得的原理；点金石原来是一块漂移的岩石。

知识与道德之舞

人类时而绝望地在宇宙中游荡，听天由命。时而将世界紧握手心。而智愚学家在界限边缘冒险；在自己的手心游荡。

特万·斯洛贝克斯,《普遍智愚学》,1957

百科全书与讽刺诗两者均有某种教育使命。"百科全书"一词源自希腊语。十二世纪拜占庭学者约翰·采策在他的教训诗《千行诗集》中提到,enkylios(周而复始)本意为抒情咏叹,其第二层含义才是封闭的知识体系。毕达哥拉斯派学者认为,对诗性智慧有节奏的伴乐朗诵能让人领悟一致、和谐以及存在的分量,而后者反过来则会带来精神上的和谐。**咏叹教育**带领人类从可见到不可见。

讽刺同样在探索表象世界背后真正的存在。所有社会阶层的代表均被卷入死亡之舞中,无人能免,上至国王,下至农民。死亡面前,人人平等。骷髅狂欢所暴露的不仅仅是一切人类秩序的空无一物,世界末日还揭示了封建王朝的等级。

但是,这两大文体之间也有很大的区别。百科全书试图启发无知与迷信之人;它面向未来,本性乐观。讽刺诗则试图拯救罪恶的人性并带领其走向一种源自过去的理想秩序,在那里,一切都有专属自己的位置与使命。讽刺诗本性悲观;它暗中坚信人类积弊难除。

而《痴愚百科全书》则不悲不喜。它视失败为成功,认为是它们铸就了我们的文明。百科全书既非诞生于愤怒,也非诞生于抱负。与传统讽刺诗不同,百科全书不把我们的创举视为永恒远大的理想的不完美映象,而是将一切形式的理想主义都视为以征服痴愚为目标却注定失败的乌托邦尝试。它强调了一切人类活动的智愚性。

(图62)"凡在旱上、鼻孔有气息的生灵都死了。"
(《创世记》7：22)插图摘自小汉斯·荷尔拜因，
《死亡的拟像与装饰》，里昂，1538。

(图63)

它不是在表象背后寻找本质，而是在表象当中寻找本质；最棒的痴愚恰恰就藏身于寻找痴愚的屡试屡败中。这正是它与自己的影子跳狐步舞的原因。

附录　痴愚学院

　　漆黑一片的夜空下，旋转木马在旋转。一个肥皂泡在风中飘忽不定。青蛙为了一块木桩呱呱叫。草地在笑。

　　百科全书编写人毅然决然地穿越那令人瞠目结舌的痴愚之境。他的眼神冷静而镇定，记录着一切。他走上一条铺有条形砖的小路，路边是装满遗失的智慧的罐子，一条在草地上蜿蜒的哈—哈和一扇没有墙的门。在他的植物学家挎包里装着黑色郁金香、水仙和海绿。被刺芹扎破的伤口，有圣通博树可以止血。他沿途经过偏僻的山村，穿过落后的省份，憧憬着拉勒堡。

　　然后，他来到痴愚学院。屋顶飘着一面黑旗，将所有光线通通吞没，毫无反射。云雾缭绕中的圆顶檐壁上记载着被尊为神明的痴愚自己的故事：无忧无虑的人在挖坑，好把挖出来的土填进去。

在学院廊厅立着许多大理石雕像。其中有一个身穿鱼皮大衣的人、一个双眼被蒙住手持飞轮坐在斜坡上的女人和一个长着猪头的男人。

在入口处挂着痴愚的徽章：一块盾形纹章，中间有一个风箱，一侧是孔雀一侧是驴。纹章上部栖着一只鹦鹉。彩色玻璃构成了一只斯芬克斯，雄踞问题之上：

谁足够聪明到能够看清自己的痴愚？

在前庭墙上，一群被牛虻和胡蜂骚扰的无名氏追随着一面风中飘扬的旗帜缓缓前行。智愚学家经过华美的楼梯，审慎地正朝镜子里面看，他拾级而上，走进一个圆厅。巨大的穹顶被几个傻子支撑：几位巨人、独眼巨人、厄庇墨透斯、国王迈达斯和一个正在啃石头的人。在高顶天花板上，绘有巨幅痴愚升天图，令天花板看上去简直要塌了一样。

墙上挂着一幅世界地图，上面用小旗标出了俗话中以痴愚著称的城市，诸如坎彭、希尔德、哥谭、博讷。阿默斯福特的巨石旁边，是带内柄的爱尔兰高脚杯和一根断了的线。

日历中，每个 4 月 1 日、11 月 11 日、每个周三、每个二月蠢人节、圣保里加布日和圣马提亚日、2 月 29 日——所有可以装疯卖傻的日子——都被圈了出来。在日历空白处，潦草地画着一些天文符号；在 5 月或在狮子十六度出生的人是傻子。

遍地都是颅骨学工具，有中空的地球模型和泽兰的奥德赛探险地图。到处挂满了上有文字、日期和图画的布告牌。

一条小路带领来宾观赏痴愚之国的动植物：一只关在笼中的

鹅、一只高踞栖木上的猫头鹰、一条缸里的鱼。一只蝙蝠在空中飞翔。还有一只无头母鸡在欢快地蹦来蹦去。镶着金边的红色帷幔下面，露出了猪屁股。连同其他动物（大部分都是家养可食用的）一起，它们构成了一个**愚蠢的动物园**。漫步在虞美人、树莓和槭树中继续，沿途经过一盆天竺葵和一具装有一小株扁桃树的棺材。在路边的长沙发上，有一个金发傻女人在拼命向一个大男子主义者暗送秋波。背景音乐传来无伴奏清唱：《愚蠢的丘比特》。来宾终于来到痴愚图书馆。木制书挡模型之间尽是关于痴愚的参考书籍：

《愚蠢的狂欢》
《谬误剖析》
《托马斯·阿奎那对愚蠢的定义及其在语言文化中的体现》
《纯理性中的疯狂》
《关于愚蠢，对人类未知领域的环顾（带附录）》
《过去及未来的人类智慧》
《人类痴愚基本法则》
《愚蠢名称学》

在一个特别的书柜里，保存着一本《鹦鹉学舌》。这部巨著专门论述鹦鹉学舌，即对所听到事物的机械式重复。它参考了一系列蠢话大全和陈词滥调错字偏见连篇累牍的蠢话录与笑话集。其中一本大部头的书脊上写着"荷兰出版与无线电电视广播"，里面尽是这样的句子：

舵必须大转向。

我觉得这是我们富足社会的一个徽章。

该观点我看上去很不顺耳。

布兰达的产品在我们的购买者中深入更广。

简直是对开着的门放空炮。

外国金融机构如蜜蜂涌向蜂蜜为采摘花粉一般涌向香港。

堆积如山的文件后面,可以看到纽伦堡大漏斗、一顶铅帽和一个装满儿童指甲屑的小包。抽屉里的文件被金属夹固定住。

一件事物一旦被纳入智愚体系,就很难从里面出来了……

还有一套音乐家作品集,例如卢·里德(《愚蠢的人》)、多莉·帕顿(《愚蠢的金发女郎》)、弗兰克·扎帕(《彻底的愚蠢》)、格雷厄姆·帕克(《痴愚博物馆》)以及令人难以忘怀的阿尔瓦罗·阿米齐和他的《罗马,今晚别傻》。智愚学家坐在他的羽管键琴后面,演奏起拉摩伯父的《索洛涅的傻子》。大厅中央的一台电视展示着世界的全景。笑声音效机音量开到了最大。

插图版权声明

Illustrations right for *De Encyclopedie van de Domheid* by Matthijs van Boxsel (Em. Querido's uitgeverij B. V.)

图 7：

Roos Aldershoff

图 10：

P. Hermanides

图 16：

Bruno van Moerkerken

图 35：

Kamagurka BVBA

图 38：

J. A. van Dijk

图 45：

Uitgeveruj De Harmonie

Elsbeth Louis

图书在版编目（CIP）数据

痴愚百科全书/(荷)马蒂斯·范博克塞尔著；王圆圆译.
-- 上海：上海文艺出版社，2020
（新视野人文丛书）
ISBN 978-7-5321-7447-8

Ⅰ.①痴… Ⅱ.①马… ②王… Ⅲ.①社会心理学 Ⅳ.①C912.6

中国版本图书馆CIP数据核字(2020)第025714号

DE ENCYCLOPEDIE VAN DE DOMHEID by Matthijs van Boxsel

Copyright © 1999 by Matthijs van Boxsel,

Em. Querido's Uitgeverij B.V., Amsterdam

著作权合同登记图字：09-2018-308号

Nederlands letterenfonds
dutch foundation for literature

本项目得到荷兰文学基金会的资助。

This publication has been made possible with financial support from the Dutch Foundation for Literature.

发 行 人：毕　胜
责任编辑：曹　晴
封面设计：朱云雁

书　　　名：痴愚百科全书
作　　　者：(荷)马蒂斯·范克塞尔
译　　　者：王圆圆
出　　　版：上海世纪出版集团　上海文艺出版社
地　　　址：上海绍兴路7号　200020
发　　　行：上海文艺出版社发行中心发行
　　　　　　上海市绍兴路50号　200020　www.ewen.co
印　　　刷：杭州宏雅印刷有限公司
开　　　本：890×1240　1/32
印　　　张：7.625
插　　　页：5
字　　　数：176,000
印　　　次：2020年7月第1版　2020年7月第1次印刷
I S B N：978-7-5321-7447-8/C·070
定　　　价：49.00元
告 读 者：如发现本书有质量问题请与印刷厂质量科联系　T:0571-88855633